_____

_____

Por:

_____

_____

Fecha:

_____

_____

UN Café • CON Dios

INSPIRACIÓN Y DISCERNIMIENTO
PARA MANTENER TU DÍA EN EL SENDERO DE DIOS

Unilit   Sepa

Publicado por
Editorial Unilit
Miami, FL. 33172
Derechos reservados

© 2001 Editorial Unilit (Spanish translation)
Primera edición 2010 (edición en rústica)

© 1996 por Honor Books Publishing
P O BOX 55388,
Tulsa, Oklahoma 74155, USA.
Originalmente publicado en inglés con el título:
Coffee Break with God
por Honor Books Publishing.
Todos los derechos reservados.

Manuscrito preparado por W. B. Freeman Concepts, Inc. Tulsa, Oklahoma.

Traducción: Gabriel Prada
Diseño de la portada: Ximena Urra
Ilustraciones: © 2010 Eleana, Serazetdinov, Ilolab, Color Symphony, Aborisov.
Usadas con la autorización de Shutterstock.com

El texto bíblico ha sido tomado de la versión Reina Valera © 1960 Sociedades
Bíblicas en América Latina; © renovado 1988 Sociedades Bíblicas Unidas.
Utilizado con permiso.
Reina-Valera 1960® es una marca registrada de la American Bible Society, y
puede ser usada solamente bajo licencia.
Las citas bíblicas señaladas con LBLA se tomaron de la Santa Biblia, *La Biblia de
Las Américas*. © 1986 por The Lockman Foundation.
Usadas con permiso.

Producto 497137 • ISBN 0-7899-1852-8 • ISBN 978-0-7899-1852-9

Impreso en Colombia
Printed in Colombia

Categoría: Inspiración/Motivación/Devocional
Category: Inspiration/Motivational/Devotionals

¡Necesito un descanso!

«¡Necesito un descanso!», es una frase que ha alcanzado mucha popularidad en la cultura norteamericana por más de dos décadas. ¡Y lo cierto es que hoy, como nunca antes, necesitamos un descanso!

A menudo, nuestro día no se desarrolla de acuerdo a lo planeado. De repente surgen problemas que demandan una solución, preguntas que requieren una respuesta. Se presentan conflictos, y debemos resolverlos. Las situaciones cambian, y debemos hacer ajustes. Enfrentamos nuevas oportunidades, y debemos tomar decisiones difíciles.

¡Muy pocos son los días que se desenvuelven como quisiéramos!

En medio del caos, podemos tomar un descanso momentáneo. No importa cuán frenético esté nuestro horario, o cuán desesperada sea nuestra situación, podemos acudir a la Palabra de Dios en busca de fortaleza y sabiduría. Es algo sencillo; no hay descanso mejor que aquel que nos aleja de los problemas y nos acerca a la Respuesta, al Señor Jesucristo.

Sólo Él nos ofrece la verdad, la valentía para permanecer firmes en nuestras prioridades, y regresar al camino si es que hemos fallado, la paz que sobrepasa todo entendimiento y la perspectiva que lleva la marca de la fe, la esperanza y el amor. Nadie excepto el Señor, puede ofrecernos palabras poderosas que lleguen al corazón, y nos ayuden a enfrentar cualquier situación.

Hoy día, nadie puede «ofrecerte» un descanso. Tú puedes obsequiarte uno. En medio del día, regálate un *¡Merendar con Dios*!

Correr con persistencia

Dios es el que me ciñe de fuerza, y quien despeja mi camino;
quien hace mis pies como de ciervas, y me hace estar
firme sobre mis alturas.
2 Samuel 22:33-34

*B*ob Kempainen estaba resuelto a formar parte del Equipo Olímpico de 1996, y competir en el maratón. Estaba dispuesto a hacer cualquier cosa, sin importar el nivel de sacrificio.

En una carrera de fuertes pendientes en la ciudad de Charlotte, Carolina del Norte, ganó las eliminatorias, pero se sintió indispuesto cinco veces durante las últimas dos millas.

Kempainen, poseedor del récord norteamericano en la carrera del maratón, padece problemas estomacales desde la escuela intermedia. Esa condición no ha sido un impedimento para que este estudiante de medicina continúe como maratonista.

«Detenerme en medio de la carrera, estaba fuera de toda consideración», dijo él, cuando le preguntaron sobre su condición física. Con sus ojos puestos en la meta, este atleta sabía que tendría suficiente tiempo para descansar después del evento, y cinco meses de preparación para las olimpiadas en Atlanta.

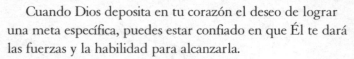
Cuando Dios deposita en tu corazón el deseo de lograr una meta específica, puedes estar confiado en que Él te dará las fuerzas y la habilidad para alcanzarla.

Cada persona tiene sus propios obstáculos que debe vencer. En el caso de Kempainen, la condición de su estómago le era un estorbo para ganar la carrera del maratón en las Olimpiadas. En tu vida será otra cosa. Todos enfrentamos retos y dificultades en el camino hacia el éxito. La diferencia entre aquellos que lo logran y los que fracasan es sencillamente, la persistencia.

La vida, no es una senda llana y nivelada, sino una serie de montañas y valles. Pasamos momentos en la cima de la montaña, cuando todo parece claro y perfecto. Pero también hay períodos cuando sentimos que divagamos en una oscura caverna, palpando a tientas a lo largo del sendero y confiando en Dios para dar cada paso de fe.

Un corredor recibe un «segundo aliento», luego de esforzarse por continuar al sentir que ya no puede más. Al elegir proseguir en fe, sin importar cómo nos sentimos o lo que está sucediendo a nuestro alrededor, experimentamos el gozo del Espíritu de Dios que nos levanta e impulsa.

Toma un momento y decide en tu corazón ser persistente en tu fe. Fe en que Dios te va a guiar, que te levantará cuando hayas caído, que te fortalecerá para que puedas continuar, y que a su tiempo, te dará la victoria.

¿Qué hacer?

*Y si alguno de vosotros tiene falta de sabiduría,
pídala a Dios, el cual da a todos abundantemente
y sin reproche, y le será dada.*
Santiago 1:5

Una antigua historia judía nos habla de un joven viajero, que se encontró con un anciano al borde de un bosque. Observando la oscuridad del crecido follaje que había ante él, el joven le preguntó al anciano: —¿Me podría decir cuál es el mejor camino para atravesar este bosque?

El sabio anciano le respondió: —No puedo.

El joven inquirió: —¿Acaso no has vivido aquí por mucho tiempo? Seguro has estado en el bosque muchas veces.

—Sí —dijo el anciano—, puedo decirte dónde están los escollos y peligros que he encontrado, hablarte de senderos por los que *no* debes andar, pero nunca he podido llegar al final del bosque. Eso es algo que debes experimentar por ti mismo.

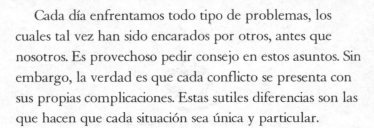

Cada día enfrentamos todo tipo de problemas, los cuales tal vez han sido encarados por otros, antes que nosotros. Es provechoso pedir consejo en estos asuntos. Sin embargo, la verdad es que cada conflicto se presenta con sus propias complicaciones. Estas sutiles diferencias son las que hacen que cada situación sea única y particular.

El mejor consejo que nos ofrezcan, podría muy bien catalogarse entre las «cosas que no debo hacer». Podemos aprender de los errores de los demás y de los nuestros, pero al final, la solución a la dificultad reciente y específica que sufrimos, será única y nueva.

Es de suma importancia, por lo tanto, que podamos contar con el consejo del Señor cada hora del día, y pedir específicamente Su sabiduría al enfrentarnos a las incertidumbres, necesidades y problemas. Sólo Él conoce la respuesta precisa para cada circunstancia en particular. ¡Solo Él sabe diferenciar entre el principio y el fin!

Otros pueden ser expertos en qué *no* hacer, o saben sugerir algo *bueno*, pero sólo el Señor tiene la capacidad de indicarnos *la mejor* opción.

Durante este breve descanso, pídele al Señor que te muestre *la mejor* forma de conducir tu día.

Renovación constante

Renueven sus fuerzas los pueblos.
Isaías 41:1 (LBLA)

La era en la cual vivimos ha sido descrita como la época del listado de cosas por hacer que no pueden ser cumplidas. Ante las abrumadoras demandas que nos asedian, es difícil otorgarnos a nosotros mismos, el permiso para tomar un descanso. Pero las recompensas, que incluyen perspectiva renovada, intuición fresca y clara, energía física, preparación espiritual, bien valen el esfuerzo.

Antes de instalarse en los automóviles los focos delanteros automáticos, era fácil estacionar y dejar las luces encendidas, quizá por la prisa o por ser aún de día. Si tardábamos en regresar al auto, encontrábamos la batería muerta. Para hacer funcionar el automóvil otra vez, la batería tenía que recargarse.

Al igual que la batería de un auto, nuestro suministro personal de energía, tampoco es infinito. Debemos reabastecerlo con frecuencia por medio del sueño, descanso, comida y el recreo o esparcimiento. Los días de incesante ocupación pueden llevarnos al agotamiento. Al funcionar al ritmo máximo, empleamos todos los recursos emocionales, físicos, mentales y espirituales disponibles. Sin percatarnos, toda nuestra energía queda consumida.

A menos que prestemos cuidadosa atención, desgastaremos nuestra «batería» hasta el punto de sentirnos como «muertos en vida». La fatiga puede ser la causa de distorsión, de nuestra percepción de las cosas y de la respuesta negativa que demos a otros. En adición, si fracasamos en hacer algo al respecto, esta situación nos conducirá a experimentar enfermedades físicas y emocionales.

El conocido predicador del siglo XIX, Carlos Spurgeon dijo lo siguiente: «Sin la constante restauración, no estaremos listos para enfrentar los ataques perpetuos. Si permitimos que el bien en nuestras vidas languidezca o que nuestra "luz" sea opacada, el mal sin lugar a dudas cobrará fuerzas y luchará con desesperación por el dominio de nuestro ser».

Es sabio que tomes un breve descanso ahora, luego en el transcurso del día ¡y que apagues tus luces al acostarte cada noche! Vivir de tal manera ayudará a mantener tu suministro de energía, y te permitirá ser más productivo y feliz.

A lo largo del camino

*Considerad los lirios del campo, cómo crecen:
no trabajan ni hilan; pero os digo que ni aun Salomón
con toda su gloria se vistió así como uno de ellos.
Mateo 6:28-29*

El explorador escocés Mungo Park alcanzó la fama, a pesar de vivir tan sólo treinta y cinco años, a finales del siglo XVIII. Durante su breve estadía sobre la tierra, participó en el tipo de aventuras de las cuales proceden las leyendas.

Sus estudios sobre la vida vegetal y animal en Sumatra, captaron la atención de la Asociación Africana. Por consiguiente, esta última decidió financiar su expedición para explorar el verdadero curso del Río Níger.

Obstaculizado por peligrosas fiebres, falta de suministros e incluso encarcelamiento, Park sólo pudo completar parte de su trayectoria, antes de verse obligado a rendirse. Regresó a Gran Bretaña y escribió un libro sobre sus aventuras.

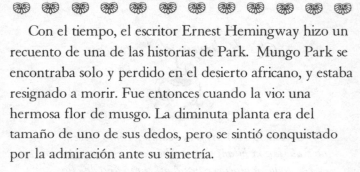

Con el tiempo, el escritor Ernest Hemingway hizo un recuento de una de las historias de Park. Mungo Park se encontraba solo y perdido en el desierto africano, y estaba resignado a morir. Fue entonces cuando la vio: una hermosa flor de musgo. La diminuta planta era del tamaño de uno de sus dedos, pero se sintió conquistado por la admiración ante su simetría.

Ante el encuentro con tal maravilla en medio de su crisis, reflexionó al preguntarse: «¿Podrá el Ser que plantó, irrigó y perfeccionó, en esta parte oscura del mundo, algo que parece ser tan insignificante, mirar con indiferencia la situación y el sufrimiento de criaturas que formó a Su imagen y semejanza? "Por supuesto que no"».

Park recibió aliento y echó a un lado el hambre y el cansancio. Se levantó y se encaminó hacia el alivio. Podemos ser inspirados con este ejemplo. Él fue un hombre que supo cómo apreciar las cosas simples de la vida, y al Creador de las mismas.

En los momentos más difíciles de este día, ¡busca una flor de musgo! Recuerda cuánto más te cuida tu Padre Celestial, y en qué medida ama el proveer para tus necesidades.

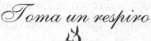

*Entonces el SEÑOR Dios formó al hombre del polvo
de la tierra, y sopló en su nariz el aliento de vida;
y fue el hombre un ser viviente.*
Génesis 2:7 (LBLA)

El ritmo acelerado de las inexorables responsabilidades de la vida, a menudo nos hacen exclamar: «Necesito un respiro». ¡Al hacerlo, estamos expresando una gran verdad, quizá más real que lo que percibimos!

Los investigadores médicos han descubierto que en casi todas las personas que trabajan, ya sea en actividades manuales que requieren un gran esfuerzo físico o en aquellas que retan el intelecto, el nivel de desempeño laboral aumenta cuando el individuo respira adecuadamente.

La buena respiración se define como aquella que es regular, profunda y lenta. Lo opuesto, «irregular, superficial y rápida», es para los médicos una señal de que algo anda mal.

La adecuada respiración es esencial para la buena salud. La misma suple oxígeno al torrente sanguíneo, lo cual es vital para el funcionamiento de todos los órganos, en especial el corazón y el cerebro.

Las Escrituras nos dicen que Dios sopló Su vida en nosotros, en el aspecto físico y espiritual. Jesús sopló sobre sus discípulos al impartir sobre ellos el Espíritu Santo (Juan 20:22). La iglesia primitiva experimentó el Espíritu Santo en forma de un viento recio, como una manifestación del aliento de Dios (Hechos 2:1-2).

Hoy, en nuestras vidas, la conciencia del Espíritu de Dios obrando en nosotros se experimenta como brisa fresca, la cual limpia y aviva cada parte de nuestro ser. La palabra «inspiración», significa literalmente tener las cosas del Espíritu depositadas *en nosotros*.

Hacemos lo debido, al tomarnos «respiros» periódicos en la presencia del Señor. Al hacerlo, podemos ver cómo el ritmo de nuestra vida se nivela. Encontramos que nuestro espíritu se refresca y se renueva a un nivel más profundo que la superficialidad de nuestra rutina diaria.

Detente, y has una pausa para recibir del Señor, y verás si no te encuentras a ti mismo aminorando el paso y soltando las tensiones de temor, las frustraciones y la inutilidad. Podrás pensar con mayor claridad. El amor de Dios fluirá con mayor libertad, y las ideas creativas comenzarán a llenar tu mente.

¡Toma un respiro! Inhala con profundidad de su bondad, fortaleza y amor.

❀ ❀ ❀ ❀ ❀ ❀ ❀ ❀ ❀ ❀ ❀ ❀

Edita tu vida

*Por tanto, nosotros también, teniendo en derredor
nuestro tan grande nube de testigos, despojémonos de
todo peso y del pecado que nos asedia.*
Hebreos 12:1

*L*as películas de Disney son conocidas a través del mundo, como las mejores en el área de los dibujos animados; pero el estudio no adquirió tal reputación con facilidad. Una de las razones para el nivel de excelencia logrado, fue su fundador. Walt Disney fue implacable a la hora de deshacerse de todo lo que fuese impedimento, en la historia que estaba en proceso de desarrollo.

Ward Kimball, uno de los dibujantes en la película *Blanca Nieve*, recuerda haber invertido 240 días de trabajo en una secuencia de sólo cuatro minutos de duración. En ésta, los enanitos le prepararon una sopa a Blanca Nieve, y en el proceso casi destruyen por completo la cocina. Disney pensó que era algo muy cómico, pero determinó que la escena interrumpía el fluir de la película, y por ello, ordenó que fuese eliminada en el proceso de edición.

A menudo nos encontramos haciendo cosas «buenas», que no sólo son innecesarias, sino también una distracción en el despliegue de nuestra historia personal. Como la escena de la sopa, muchas de éstas tienen cierto valor o entretienen, pero las mismas carecen de elementos esenciales para lograr lo máximo en el tiempo y con los talentos, que Dios nos ha dado.

En algunos casos, la vida puede verse atestada de tantos «compromisos», que no tenemos espacio alguno para las cosas esenciales que Dios desea hacer a través de nosotros.

La próxima vez que te ofrezcan involucrarte en otra «buena escena», debes hacerte las siguientes preguntas:

- ¿Se acopla al plan que Dios ha trazado para mí? ¿Tengo paz interior duradera al respecto?

- ¿Involucrarme en esto me ayudará a mí y a los demás, a estar más cerca de Dios?

- ¿Puedo hacer esto sin sacrificar el tiempo que ya he comprometido con mi familia, iglesia, trabajo o amigos?

Al hacer una pausa para meditar en lo que queda del día, considera lo siguiente: Cuando se proyecte la película de tu vida, ¿será tan maravillosa como pudo haber sido? ¡Ello dependerá de la multitud de cosas «buenas» que logres editar de tu vida, en favor de aquellas «maravillosas» que Dios desea hacer a través de ti!

La esencia de la vida

Porque cual es su pensamiento en su corazón, tal es él.
Proverbios 23:7

*B*en Patterson escribe lo siguiente en *The Gran Essentials* (Fundamentos grandiosos):

«*T*engo una teoría sobre la vejez... Creo que cuando la vida nos ha desgastado, cuando las coyunturas nos fallan, la piel se ha arrugado, los capilares endurecido, lo que de nosotros permanece será lo que siempre hemos sido, en esencia.

»*E*jemplo A es un tío lejano... En su vida no hizo otra cosa excepto procurar nuevas formas de enriquecerse... Sus años de vejez transcurrieron en gran comodidad, todo el tiempo alardeando acerca del dinero adquirido... Cuando la vida lo fue reduciendo hasta la esencia, lo único que quedó era avaricia pura. Eso fue lo que había cultivado en miles de pequeñas formas, a lo largo de toda su vida.

»*E*jemplo B es la abuela de mi esposa... Cuando murió alrededor de los ochenta y cinco años de edad, la abuela había estado senil por varios años. ¿Y de qué hablaba esta señora? El mejor recuerdo que viene a mi mente fue la ocasión cuando le pidieron que orara antes de la cena. Ella tomaba de la mano a los que estaban sentados a su lado, una amplia y contenta sonrisa aparecía en todo su rostro, sus ojos ya opacos se llenaban de lágrimas al elevar su vista al cielo, y su mentón temblaba al desbordarse en amor por Jesús.

»En esencia, así era Edna. Amaba a Jesús y a las personas. No podía recordar nuestros nombres, pero no cesaba de tocarnos con amabilidad cada vez que a ella nos acercábamos. Cuando la vida la fue reduciendo hasta la esencia, lo que quedaba era amor: amor por Dios y por los demás»[1].

La diferencia en la «esencia» que se manifestó en estas personas una vez que la vida comenzó a declinar, se define basada en las prioridades de cada una, al involucrarse en los asuntos diarios.

La abuela Edna actuaba así, debido a su amor por su familia, por Dios y Sus hijos. El tío vivió su vida sólo para sí.

Cuando la vida te reduzca poco a poco hasta la esencia, ¿a quién te parecerás más: al tío o a la abuela?

¿Cómo está tu ser interior?

El [hombre] interior no obstante se renueva de día en día.
2 Corintios 4:16

Las vasijas de barro, en todas sus formas y tamaños, eran utensilios muy útiles y valiosos en el mundo antiguo. Las grandes se usaban para almacenar agua y aceite, los cántaros para transportar agua, y en los frascos de terracota se guardaba el perfume. Los potes de almacenaje contenían granos y otros alimentos. Las amas de casa solían usar las vasijas de barro para cocinar. A la hora de comer, las cerámicas llanas eran usadas como platos y bandejas, y durante las noches las casas eran iluminadas con lámparas de barro.

Los alfareros que suplían estas vasijas tan necesarias, eran personas muy importantes en la vida económica de las antiguas aldeas. Un alfarero moderno ofreció la siguiente descripción sobre su habilidad y arte:

«Mis dos manos dieron forma a esta vasija. Y, el lugar donde en realidad se forma es en el punto de tensión entre la presión que se aplica desde afuera y la de la mano en el interior de la vasija. Asimismo ha sucedido en mi vida: la tristeza, la muerte, el

infortunio, el amor de los amigos y todo lo acontecido, que en ningún momento escogí. Todo ello influyó en mi ser. Pero, hay ciertas cosas en que confío, mi fe en Dios y el amor de algunos amigos, que ha dejado huellas en mi interior. Mi vida, igual que esta vasija, es el resultado de lo ocurrido tanto en el exterior como en mi interior. La vida, de igual forma, emerge en los lugares donde hay tensión»[2].

Es posible que, a lo largo del día, seamos abofeteados por las inquietudes, sacudido de un lado a otro por las responsabilidades y presionados por los retos que nos asedian desde el exterior. Sin la fortaleza interna del espíritu, dichas dificultades harán que nos derrumbemos bajo la presión externa.

Durante este breve descanso, alimenta tu espíritu con la Escritura. Esto te mantendrá fortalecido, renovado y restaurado en tu interior. Podrás responder con fortaleza interior y creatividad, a lo que, de otra forma, te podría destruir.

Recuerda, tu vida interior te da las fuerzas necesarias para convertirte en una vasija útil en la casa de Dios.

¡Usa ese poderoso motor!

Dios es el que me ciñe de poder,
y quien hace perfecto mi camino.
Salmos 18:32

¡Qué placer produce viajar por una carretera llana en un auto que tenga un poderoso motor! Imagínate un día soleado en el que no haya tráfico, y no tienes prisa por llegar a ninguna parte. Vas cantando mientras escuchas tus canciones favoritas, y disfrutas al máximo la experiencia de manejar.

Sin embargo, lo más probable es que nos encontremos viajando en un auto que no tenga tanta fuerza, subiendo por una serie de elevadas cuestas... en medio de la lluvia... de mucho tráfico... camino a una cita para la cual ya estamos atrasados.

Pero, ¿será posible viajar por el camino más difícil y gozar de la misma paz y tranquilidad interior que cuando viajamos por la carretera llana? La Biblia dice que sí es posible.

La diferencia radica en el poderoso motor, el cual hace que las cuestas se vean menos empinadas, y la gran congestión vehicular menos tediosa. Es mucho más fácil desplazarse de modo estable entre el tráfico cuando el motor emite un sonido uniforme, en vez de dar tumbos, apagar… encender el auto, dar tumbos… apagar… encender el auto… en tus propias fuerzas.

Dios es nuestro poderoso motor. Él hace que la carretera difícil sea manejable.

Quizá tu día comenzó de maravillas, pero en este momento te has apartado del camino fácil y has llegado a las empinadas cuestas. Ahora más que nunca, es el momento para recordar que tu Padre celestial te ama y desea ayudarte.

Con el poder de Dios, puedes mantenerte alerta y enfocado, llevando una velocidad y temperamento uniforme, a pesar del reto. Él te ayudará a resolver cualquier problema que se presente, sin tener que comprometer tu integridad. Hasta te enseñará algunos atajos en el camino, ¡así podrás aprovechar más, el combustible!

Lo único que tienes que hacer es pedirle a Dios las fuerzas para regresar al camino. Y sin percatarte de ello, pronto llegarás a la cima de la montaña, y ¡desde allí lo verás todo con claridad!

A través del laberinto

Pero tenemos este tesoro en vasos de barro, para que la
excelencia del poder sea de Dios y no de nosotros.
2 Corintios 4:7

Ihara Saikuku, autor de dos perdurables obras, *The
Japanese Family Storehouse (El almacén de la familia
japonesa)* y *The Millionaire's Gospel (El evangelio del
millonario)*, expresó lo siguiente respecto al reto que
todos enfrentamos en la búsqueda del éxito personal:

> «*Haber nacido con tal vacío en esta era moderna,
> en esta mezcla de bien y mal, y sin embargo proceder
> a través de la vida hacia los esplendores del éxito en
> un curso honesto, es una proeza que ha sido reservada
> para los dechados de la raza humana; una faena que
> va más allá de la naturaleza del hombre normal*».

¡Un hecho interesante es que Saikuku escribió esto hace
más de trescientos años! Vivió del año 1642 hasta el 1693.
Sus declaraciones son una confirmación del familiar axioma
que dice: «Las cosas nunca cambian». Lo que era cierto de
la naturaleza humana hace trescientos años, aun lo es hoy.

Cada uno de nosotros nace en lo que podría ser
comparado a un laberinto, con muchas opciones para
falsos inicios, desvíos infructuosos, y callejones sin salida.

Aquella persona que escoge sabias alternativas y decisiones, es quien tendrá más probabilidades de poder cruzar el laberinto de la vida con la mayor eficiencia, facilidad y productividad.

La analogía del laberinto se puede aplicar con certeza también a cada día. En cualquier día que nos es dado, enfrentamos numerosas oportunidades de tomar el camino equivocado o ceder ante la tentación, en vez de dar el gran salto de fe que nos haga continuar dentro del plan de Dios para nosotros.

Las Escrituras concuerdan con Saikuku en que manejar por un curso honesto, está «más allá de lo que es natural para el hombre normal».

Sin embargo, en lugar de ser considerado como un atributo de personas extraordinarias o dotadas, dicha habilidad de tomar decisiones morales es presentada por las Escrituras como evidencia de la obra del Espíritu Santo en la vida del individuo. Es el Espíritu quien nos ayuda a escoger el bien, y rechazar el mal.

Cada vez que enfrentes la toma de una decisión el día de hoy, pídele al Espíritu Santo que te guíe. ¡Ruégale a Él que te muestre el camino a través del laberinto!

Suposiciones falsas

La soberbia de tu corazón te ha engañado, tú que moras
en las hendiduras de las peñas, en tu altísima morada;
que dices en tu corazón: ¿Quién me derribará a tierra?
Abdías 1:3

Una viajera visitó una sala de estar en el aeropuerto y compró un pequeño paquete de galletas, para comer mientras leía el periódico. Poco a poco comenzó a percatarse de un crujiente ruido. Al alzar la vista, se quedó pasmada al ver que un caballero muy bien vestido estaba comiendo sus galletas. No deseando crear una escena, ella se inclinó hacia adelante y tomó para sí una de las galletas.

Pasaron uno o dos minutos, y ella volvió a escuchar lo mismo. ¡Otra vez el caballero repetía la acción! En ese momento, ya habían llegado hasta el fondo del paquete. Ella estaba furiosa, pero no se atrevía a expresar palabra. Entonces, como añadiendo insulto al daño causado, el hombre partió en dos la galleta que quedaba, empujó hacia ella una mitad, se comió la otra, y se marchó.

La señora ardía por el enojo y minutos más tarde, cuando su vuelo fue anunciado, la mujer abrió su cartera para tomar su pasaje. Para su gran asombro y vergüenza, ¡allí estaba intacto su paquete de galletas!

Es tan fácil hacer suposiciones sobre lo que ocurre a nuestro alrededor. Esperamos que las cosas sean de cierta forma, basados en las experiencias del pasado, en lo que conocemos o en lo que se nos ha dicho respecto a una situación. Las suposiciones no siempre están equivocadas, pero no debemos confiar en ellas. En demasiadas ocasiones nos llevan a experimentar la vergüenza e incluso, destrucción.

La Biblia nos dice que la suposición esta fundamentada en el razonamiento humano, y que la fuerza móvil que hay detrás de la misma es la soberbia. Tal como dice el verso que mencionamos al principio, es la soberbia, pues creemos que lo sabemos todo, lo que permite que seamos engañados.

El orgullo provocó que la mujer en esta historia supusiera que ella estaba en lo cierto y el caballero equivocado. En vez de verlo a través de los ojos de Dios y orar por sabiduría para manejar la situación a la manera de Señor, ella hizo caso omiso del hombre. Al final, ella se mostró ciega ante la bondad de él hacia ella.

Cuando te encuentres en conflicto con otros, evita las suposiciones que destilan orgullo, y decide andar en el amor de Dios. Procura ver a las demás personas y situaciones a través de Sus ojos. Después de todo, tu visión es limitada, ¡pero Él conoce exactamente lo que está sucediendo!

Entrégalo a Dios

Echando toda vuestra ansiedad sobre él,
porque él tiene cuidado de vosotros.
1 Pedro 5:7

A menudo, no son las crisis las que nos fatigan, sino las cosas pequeñas de la vida. De la ostra podemos aprender una lección:

Había una ostra cuya historia contaré,
que bajo su concha arena entró;
Tan sólo un granito, pero qué gran dolor,
Sentimientos tienen, aunque ordinarias son.
Pero, ¿censuró la obra del Destino,
que tal estado la hizo experimentar?
¿Maldijo al gobierno, reclamó una elección?
No; acostada en el banco, a sí misma se dijo:
«Si no puedo removerlo, intentaré mejorarlo».
Y pasaron los años, como suelen pasar,
y llegó a su destino final: cocida.
Y aquel grano de arena que tanto la molestó,
Era una hermosa perla, de brillante fulgor.
Ahora este relato tiene una enseñanza; grandiosa no es

¿Qué puede hacer una ostra con un bocado de arena?

¿Cuánto no podríamos hacer, con sólo lidiar con todo aquello, que bajo nuestra piel desea morar?[3].

¿Cómo es que un irritante grano de arena se convierte en una perla? La autora Elizabeth Elliot nos ofrece su sabiduría sobre pequeñas y grandes adversidades: Entrégalas a Dios.

«*Si lo único que tuvieses que ofrecer es un corazón quebrantado, ofrecerías un corazón quebrantado... Simplemente, entrégalo a Él, así como el pequeño niño entregó a Jesús cinco panes y dos peces, con el mismo sentimiento de los discípulos cuando dijeron: "¿De qué sirve esto para toda esa multitud?"*

»*En casi todas las cosas que le ofrezco a Dios, mi reacción sería: "¿De qué sirve esto?" El uso que Dios haga con lo ofrecido no es asunto mío, sino de Él, es Su bendición. No importa lo que sea, si es instrumento del Señor para probar mi fe y conducirme al reconocimiento de quién es Él, es eso lo que puedo ofrecer*»[4].

❧ ❧ ❧ ❧ ❧ ❧ ❧ ❧ ❧ ❧ ❧

El sabor de la vida

Que las misericordias del SEÑOR jamás terminan,
pues nunca fallan sus bondades; son nuevas cada mañana;
¡grande es tu fidelidad!
Lamentaciones 3:22-23 (LBLA)

Casi todos seguimos una rutina cada mañana. También la hay, en relación con nuestros trabajos, y otra que toma el control después del horario laboral. Aun durante los fines de semana, existen cosas que deben ser hechas.

¿Has llegado al punto de tenerle pavor a otro fregadero lleno de platos, otra tanda de ropa sucia, otro lavado de auto, otro césped que debe ser cortado, otra alfombra que debe ser limpiada, o a otro piso por restregar? ¿Acaso habrá un fin a la «rutina» de la vida?

En realidad no hay forma de evitar la mayoría de estos quehaceres. Alguien tiene que mantener las cosas limpias y en buen funcionamiento. Pero lo que sí podemos controlar es nuestra actitud hacia todo esto.

En lugar de enfatizar «lo mismo», debemos recordar lo que dice la Biblia: «De modo que si alguno está en Cristo, nueva criatura es; las cosas viejas pasaron; he aquí todas son hechas nuevas» (2 Corintios 5:17) y «Os daré un corazón nuevo, y pondré espíritu nuevo dentro de vosotros» (Ezequiel 36:26).

Dios nunca cambia, pero le gusta la variedad. Él desea que nos enamoremos de la vida y que estemos con los ojos abiertos en busca de nuevas posibilidades, que nuestras mentes estén accesibles a nuevas ideas, y nuestros corazones a nuevas personas que encontremos en el camino.

Aun en medio de «la misma repetición», de la rutina diaria, Él puede traer algo nuevo, diferente y poco usual. A veces, el hecho de alterar la rutina puede ser causa de aflicción. Pero no permitas que sacuda tu confianza en el plan de Dios para tu vida, sino que lo intensifique.

En esta mañana, comprende que, ya sea que la vida parezca ser la «misma», o que se haya vuelto caótica, tú siempre estás cambiando. A través de ello, el Señor está agitando de continuo, nueva vida en tu interior, dándote nuevos sueños y metas, ¡y moldeándote para que el día de hoy te asemejes más a Jesús!

¡Sujétate!

Guárdame, oh Dios, porque en ti he confiado.
Salmos 16:1

Una pequeña niña estaba muy nerviosa ante la idea de montar a caballo por primera vez, aun cuando lo haría sentada detrás de su abuelo, quien era un excelente jinete. Mientras los padres la ayudaban a sentarse en el animal, la chica exclamaba: «¿Qué debo hacer? ¡No sé como montar a caballo! ¡Nunca antes lo he hecho! ¿Qué debo hacer?»

Su abuelo le dijo en tono alentador: «No te preocupes por el caballo, o cómo montarlo. Tan sólo sujétate a mí, querida, sólo sujétate a mí».

¡Qué buen consejo para cada uno de nosotros hoy! Pensamos que el nuestro sería uno de esos días «aburridos y fastidiosos», pero al contrario, ha resultado ser uno del tipo «date prisa y espabílate». En días así, necesitamos «sujetarnos» a nuestra fe en el Señor, y procurar mantenernos sobre la montura.

Una de las formas principales que nos permiten lograrlo, es a través de la constante comunión con Él, un continuo fluir de oración y alabanza. Podemos orar en cualquier lugar y momento. Aun el pensamiento en forma de oración, hace que nuestra voluntad y enfoque se dirijan hacia el Señor, y que depositemos nuestra confianza en Él. Es cuando perdemos contacto con el Señor, que estamos en peligro de «sucumbir» ante el pánico, la frustración, el desenfreno y fracaso que acompaña.

El Señor conoce el principio y el fin de cada día, y cuánto ha de durar el presente trastorno en tu vida. Sobre todo, Él sabe cómo conducirte sano y salvo a través de cada «cabalgata salvaje», al guardarte en su divina paz durante todo el trayecto.

Harriet Beche Stowe nos ofrece el siguiente consejo:

«Cuando te encuentres en un aprieto y todo parezca estar contra ti, hasta el punto de no poder sostenerte ni un sólo minuto más, no te rindas, porque es allí precisamente el lugar y el momento en que la marea ha de cambiar».

Nunca olvides que no «cabalgas» solo, sobre las bestias de esta vida. El Señor está contigo, y sostiene con firmeza las riendas en Sus manos. ¡Sólo sujétate!

La suave y apacible voz

*Porque aunque de nada tengo mala conciencia, no por eso
soy justificado; pero el que me juzga es el Señor.*
1 Corintios 4:4

*E*n su libro titulado *Focus on the Family (Enfoque a la
familia)*, el autor Rolf Zettersten escribe sobre su buen
amigo Edwin, quien había comprado un auto. El mismo
tenía muchas ventajas adicionales, entre ellas la grabación
de una suave voz femenina, la cual le indicaba con gentileza
si había olvidado abrocharse el cinturón de seguridad o si
necesitaba combustible. Apropiadamente, Edwin comenzó
a referirse a la voz como «la mujercita».

En uno de sus muchos viajes, «la mujercita» comenzó a
informarle que necesitaba detenerse y llenar su tanque con
gasolina. «El nivel de combustible está bajo», dijo ella con
su arrulladora voz. Edwin asintió con la cabeza y le dio las
gracias con una sonrisa. Sin embargo, decidió que aún tenía
suficiente gasolina para viajar por lo menos unas cincuenta
millas adicionales, y continuó manejando.

El problema fue que, en sólo unos minutos, la
mujercita mencionó la advertencia una y otra vez, hasta
que Edwin estuvo a punto de gritar. Aunque la lógica le

indicaba que la grabadora sólo se repetía a sí misma, le parecía como si la mujercita le estuviera hablando cada vez con mayor insistencia.

Por último, ya no pudo tolerarlo más. Detuvo el auto a un lado de la carretera, y después de una rápida búsqueda debajo del panel interior, encontró los alambres apropiados y tiró de ellos. *Hasta aquí llegó la mujercita, pensó él.*

Todavía experimentaba el orgullo por haber tenido la última palabra, cuando su auto comenzó a fallar. ¡Se le había acabado el combustible! ¡Edwin estaba seguro de que allí dentro del panel interior, se podía escuchar la risa de una mujer!

Nuestro fabricante, Dios, ha colocado en nosotros una voz de advertencia. Se llama conciencia. A veces pensamos que ésta no es más que una molestia, demasiado insistente o que está equivocada. Sin embargo, la mayoría de nosotros aprende, tarde o temprano, que a menudo y con precisión, intenta decirnos lo que necesitamos saber.

Sea que te indique detenerte para echar combustible, o te advierta que no te salgas del camino principal, tu conciencia sabe qué es lo correcto. Sigue sus pasos hoy, y verás si no experimentas mayor paz en cada decisión que tomes.

❀ ❀ ❀ ❀ ❀ ❀ ❀ ❀ ❀ ❀

Crisis de energía

La alegría del SEÑOR es vuestra fortaleza.
Nehemías 8:10 (LBLA)

La mayoría de nosotros sigue una rutina diaria, una serie de repetitivos quehaceres y encargos que demandan nuestro tiempo, y son necesarios para mantener la vida al nivel más básico. La «rutina», dice el teólogo judío Abraham Heschel, «nos hace resistentes al asombro». Cuando permitimos que nuestro sentido de asombro y admiración disminuya, perdemos la esencia de lo mucho que valemos para Dios.

Jesús reconoció nuestra preocupación por estos deberes en el Sermón del Monte. Él dijo: «Nos os afanéis por vuestra vida, que habéis de comer o qué habéis de beber; ni por vuestro cuerpo, qué habéis de vestir. ¿No es la vida más que el alimento, y el cuerpo más que el vestido?» (Mateo 6:25).

¿Pero cómo poder comprender que la vida es «más importante que el alimento», cuando tanto de nuestro tiempo y energías se invierten en proveer y mantener cosas esenciales como el sustento, ropa y vivienda? El «diario trabajo penoso», puede provocar la pérdida de nuestro sentido del propósito de Dios y Su presencia. Podemos llegar a sentirnos como Job quien exclamó en desesperación: «He aquí que él pasará delante de mí, y yo no lo veré; pasará y no lo entenderé» (Job 9:11).

Julian de Noruega, el místico inglés del siglo XIV, poseía una perspectiva que puede servirnos para restaurar el gozo aun en los días más opacos. Ella dijo: «Gozo es, ver a Dios en todas las cosas». El salmista escribió: «Los cielos cuentan la gloria de Dios» (Salmos 19:1), y el profeta Isaías escribe lo siguiente: «Toda la tierra está llena de su gloria» (Isaías 6:3). La gloria de la creación radica en que nos dirige hacia la majestad máxima del Creador.

Si las rutinas de la vida te están despojando del entusiasmo y el gozo, entonces dedica tiempo a procurar Su amor, magnificencia y bondad, tal y como aparecen reveladas a través de la creación. Que seas renovado en el gozo de quién es Dios, quién eres en Él, y que tengas un encuentro con Su fuerza y propósito aun en los quehaceres más rutinarios.

Tan sencillo como A,B,C

Porque él me esconderá en su tabernáculo en el día del mal;
me ocultará en lo reservado de su morada;
sobre una roca me pondrá en alto.
Salmos 27:5

«Necesitamos hacer varios exámenes». Estas son palabras que uno nunca desea escuchar de los labios de un médico. Somos invadidos a diario con boletines de información médica, así que nuestra primera tendencia es esperar lo peor.

Los equipos utilizados para diagnosticar nuestras enfermedades, son amedrentadores en forma especial. La Imagen de Resonancia Magnética (MRI), con su túnel de metal magnético, tan estrecho, puede producir claustrofobia en cualquiera que se someta a esta prueba.

Un examen como este, conlleva a un verdadero rompimiento en nuestra rutina diaria. (¿Has notado que la mayoría de estos exámenes se realizan por la mañana?) Aunque es muy probable que nunca lleguemos al punto de anhelar tales «rompimientos», sí podemos imitar lo hecho por una mujer para aprovechar el tiempo.

Una vez dentro del túnel, estaba a punto del pánico. Entonces recordó el consejo de su pastor: Cuando tus asuntos vayan de mal en peor, ora por otra persona.

Para simplificar las cosas, decidió orar en orden alfabético. Pronto recordó el nombre de varios amigos cuyos nombres comenzaban con la letra A. Clamó por la rodilla lesionada de Albert, por la decisión de Amy respecto al trabajo, y por los exámenes finales de Andrew. Prosiguió con la B, y así sucesivamente. Al llegar a la letra D, estaba abstraída por completo de lo que sucedía a su alrededor.

Treinta minutos más tarde, sólo había logrado llegar a la mitad del alfabeto, y el examen ya concluía. Un día después, utilizó un breve «descanso» para completar sus oraciones, mientras esperaba los resultados en la oficina de su médico. Los mismos, no mostraron anormalidades.

No todos los descansos responden a un programa personal. Algunos son forzados, y no muy placenteros. Pero de nosotros depende lo que hagamos con ellos.

Cuando tomes un descanso de tu rutina, y el mismo no sea una actividad elegida por ti, entrégaselo a tu Padre Dios, y observa cómo Él lo transforma en un tiempo especial para ambos.

La recompensa del dar

Dad, y se os dará; medida buena, apretada,
remecida y rebosante.
Lucas 6:38

Un hombre que se estaba ahogando hizo frenéticos ademanes a otro que estaba de pie en el borde de una piscina. Chapoteando hasta llegar cerca del borde, el hombre que se ahogaba gritó: «Amigo, deja que te ofrezca mi mano». El otro individuo se acercó al agua, agarró la mano que hacia él se extendía, y puso a salvo al angustiado hombre. Después del incidente el salvavidas le dijo al rescatado: «Considero poco usual, que hayas dicho "deja que te ofrezca mi mano", en vez de pedirme que te diera la mía».

El hombre que fue salvado respondió: «¡Señor, yo trabajo para una organización caritativa, y he descubierto que las personas siempre están más dispuestas a recibir que a dar!».

Aunque la tendencia de nuestra naturaleza humana sea recibir en vez de dar, ¡el Evangelio nos enseña que entregar es, en realidad, la forma más productiva de recibir!

Cualquier cosa que ofrezcamos a los demás, o que hagamos en favor de otros, regresará a nosotros multiplicado. Este principio ha sido reconocido por el mundo de los negocios. Donald David ha expresado lo siguiente:

«*Nunca serás promovido si nadie conoce tu empleo actual. La mejor base para lograr avanzar es, organizándote de tal manera que cumplas con tu responsabilidad. La mayoría de las personas reciben un ascenso, porque son empujadas hacia arriba por aquellos que están debajo, y no por el esfuerzo de los que gozan una posición más elevada*».

Busca medios para dar, a los que hoy día están a tu alrededor, en especial a aquellos que ocupan posiciones subordinadas. Comparte libremente información con ellos, y sé generoso a la hora de reconocerlos y animarlos. Ofrece consejos sobre cómo desempeñar ciertas labores con mayor rapidez, eficiencia o con un nivel superior de calidad. Verás que mientras más ayudas a los demás en sus tareas, más fácil será tu propia carga laboral.

Otro punto de vista

*De manera que podemos decir confiadamente: El Señor es
mi ayudador; no temeré lo que me pueda hacer el hombre.*
Hebreos 13:6

El día 15 de julio de 1986, el electrizante lanzador
derecho de los Medias Rojas de Boston, Roger Clemens,
inició el partido en su primer Juego de Estrellas del
béisbol norteamericano. En la segunda entrada del
partido le correspondió su turno al bate. Era algo que
no había hecho en años, debido a la regla del bateador
designado vigente en la Liga Americana. Hizo algunos
movimientos de práctica bastante inseguros, y levantó su
mirada hacia su formidable oponente, el lanzador
Dwight Gooden, nada menos que el ganador del
codiciado premio Cy Young del pasado año.

Gooden se preparó en el montículo y lanzó una
blanca y ardiente bola rápida que pasó a toda velocidad.
Sonriendo un poco avergonzado, Clemens se alejó de la
caja de bateo y le preguntó al receptor Gary Carter:
«¿Es así como se ven mis lanzamientos?».

«¡Tú lo has dicho!», respondió Carter. Aunque
Clemens se ponchó rápidamente, procedió a lanzar tres
entradas perfectas, y fue nombrado el mejor jugador del

partido. Con el recuerdo aún fresco de lo arrolladora que puede ser una buena bola rápida, él expresó más tarde que desde ese día en adelante comenzó a lanzar con mayor audacia.

En ocasiones se nos olvida el poder que tenemos a nuestra disposición a la hora de predicar el Evangelio de Cristo. ¡Quizá sea necesario colocarnos al otro lado del cuadrilátero, para volver a recordarlo!

El Espíritu Santo dentro de nosotros siempre es un testigo poderoso. Podemos «lanzar» el evangelio con la confianza y autoridad que Dios nos ha dado. Pero lo cierto es que demasiadas veces lanzamos con debilidad una palabra aquí y otra allá sobre Jesucristo, esperando no crear ningún problema. Después de todo, ¡no queremos dar la apariencia de estar presionando, ni de ser políticamente incorrectos, o que nos llamen fanáticos! Nos adelantamos al cuadrilátero de la oportunidad sin verdadera convicción. ¿Por qué entonces nos sorprende el hecho de no causar impacto?

Si se te presenta hoy la oportunidad, cuéntale a alguien cómo fue que Jesús cambió tu vida, y hazlo con la convicción y poder que proceden de tu corazón. Este es el poder del Espíritu Santo dentro de ti. Entonces, descansa en la paz de saber que has hecho tu parte, ¡y que el resto depende del Señor!

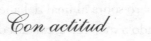

Con actitud

Hacedlo todo para la gloria de Dios.
1 Corintios 10:31

—Amar lo que haces y sentir que es significativo; ¿habrá algo más divertido? —pregunta Katharine Graham. ¿No es eso lo que todos deseamos?

No importa cuál sea el trabajo que desempeñamos, nuestra actitud hacia el mismo es vital para el sentir básico de autoestima. Para todos, lo ideal sería amar el trabajo que hacemos y sentir que es importante. Aunque ningún trabajo es placentero todo el tiempo, sí es posible obtener satisfacción de lo que aportamos al mismo, la actitud con la que desempeñamos nuestras labores.

Por ejemplo, el monje Carmelita del siglo XVII, el Hermano Lorenzo, experimentó gozo en el monasterio mientras lavaba los platos. En la monotonía de su labor, encontró la oportunidad de concentrarse en Dios y sentir su presencia.

Los modernos empresarios Ben Cohen y Jerry Greenfield, producen y venden helados con un propósito. La base de los Helados Caseros Ben y Jerry, Inc. es:

«¿Cuánto dinero sobra al final del año?» y «¿Cómo hemos ayudado a mejorar la calidad de vida en nuestra comunidad?».

El «dinero que sobra», se deposita en la Fundación *Ben y Jerry*, la cual distribuye fondos a causas meritorias sin fines de lucro. Éstas, ayudan a niños necesitados, protegen la selva amazónica, proveen albergue para personas con problemas emocionales y psicológicos, y patrocinan un negocio en el cual todos los empleados son personas que han estado sin empleo y sin un hogar donde vivir. Al ayudar a otros con sus ganancias, Ben y Jerry hacen que su negocio de helados cobre mayor significado.

Las Escrituras enseñan que todo tipo de servicio tiene igual categoría delante de Dios, porque lo importante no es *lo que haces*, sino el *espíritu* en el cual lo haces. Un barredor de calles que cumple con su trabajo para servir a Dios y bendecir al pueblo que transita por ellas, es tan agradable ante Sus ojos, como el sacerdote o pastor que enseña y alimenta sus congregaciones.

Si sientes que tu trabajo es insignificante, ¡pídele a Dios que te dé entendimiento! Si haces todo para Él, y para servir a los demás, ¡no hay trabajo que sea intrascendente!

Calcula el costo

Porque ¿quién de vosotros, queriendo edificar una torre,
no se sienta primero y calcula los gastos, a ver si tiene
lo que necesita para acabarla?
Lucas 14:28

Imagínate que un desastre natural ocurre en tu pueblo y destruye todas las casas, negocios, servicios comunitarios, áreas de recreo y los centros de adoración. La predicción del gobierno es que por lo menos tardará una década, lograr la reconstrucción.

Esto mismo fue lo que sucedió en Valmeyer, Illinois, durante las inundaciones del año 1993. Aquellos que habían sido vecinos la mayor parte de sus vidas lo perdieron todo, excepto la determinación de mantenerse juntos. Así que decidieron comenzar de nuevo, y reconstruir juntos, en tiempo récord.

Para llevar a cabo una labor tan monumental, las personas tuvieron que apartarse de su ritmo normal de vida y comprometerse con tareas nuevas. Después de todo, había que construir edificios, conseguir fondos federales y estatales, y restaurar los servicios de luz y agua así como los sociales. Un pueblo completo tenía que ser reubicado y reedificado desde sus cimientos.

En este caso, un poco de motivación logró mucho. El proyecto de veintidós millones debía completarse para el final del año 1996, tan sólo tres años después de las inundaciones. La declaración de Hellen Keller: «Cada día debemos hacer un poquito más de lo requerido», pudo haber sido el lema de los habitantes de Valmeyer. Ellos interiorizaron este mismo sentir, y reconstruyeron su pueblo[5].

¿Existe algo en tu vida que podrías lograr en menos tiempo si es que «calculas el costo», y dedicando un esfuerzo adicional cada día, semana o mes? Los asesores financieros plantean que con sólo añadir cien dólares al pago mensual del préstamo hipotecario de nuestra casa, podemos pagarlo antes de tiempo. La pérdida de peso más rápida se puede lograr si apenas reducimos cien calorías adicionales por día. Pareciera que en cada proyecto hay un momento que lo acelera cuando hacemos «un poquito más».

Concéntrate en algo importante para ti, y planea entonces una estrategia para añadirle ese «toque» complementario.

Bálsamo

¿No hay bálsamo en Galaad? ¿No hay allí médico?
Jeremías 8:22

En siglos pasados, había arboledas de bálsamo, plantados en los cerros al sur de Jerusalén. También los había, en los campos al este del Río Jordán, y en el área conocida como Galaad. La savia de los árboles era cosechada para crear un bálsamo, el cual se consideraba de gran valor medicinal para sanar heridas. Era usado de manera especial para curar las picadas de escorpiones y las mordidas de serpientes. Debido a que éstos abundaban en las regiones del desierto de Judea y a través del Medio Oriente, el bálsamo era muy valioso y un artículo de exportación importante a lo largo de las antiguas rutas de comercio[6].

El «bálsamo de Galaad» ha sido identificado con Jesús. Él es quien sana nuestras heridas.

Cada día, trae consigo la posibilidad de que experimentemos picadas y mordidas en ambos sentidos: literal y figurado. Aunque es cierto que no todos los «golpes directos» del enemigo representan una amenaza a nuestra existencia, sí producen daños. ¿Cómo podemos aplicarle a ellos el bálsamo de Jesucristo?

La forma principal es a través de la alabanza. Cada vez que seamos atacados o heridos, podemos enfocar nuestras mentes y corazones en Él, con sólo una palabra, un pensamiento o con un cántico de alabanza.

Por ejemplo, si somos agredidos por un enjambre de punzantes problemas, podemos decir; «Te alabo, Jesús, porque eres mi Libertador, mi Salvador, mi certera ayuda». Si nos sentimos heridos por un fracaso, podemos declarar: «Te alabo, Jesús, porque eres mi Redentor».

Si nos sentimos lastimados en lo más profundo de nuestro ser, por alguna palabra de rechazo o crítica, podemos expresar: «Te alabo Jesús, porque has enviado al Espíritu Santo para ser mi Consolador». Si nos sentimos abrumados ante demasiadas responsabilidades, podemos manifestar: «Te alabo Jesús, porque eres mi Príncipe de Paz».

Al alabar a Jesús, podrás experimentar alivio, al dolor asociado con un incidente o situación particular. Él es el Señor de señores, ¡y eso incluye cualquier cosa que intente tener «señorío» sobre ti!

❀ ❀ ❀ ❀ ❀ ❀ ❀ ❀ ❀ ❀

El guía

El SEÑOR te guiará continuamente, saciará tu deseo en los lugares áridos y dará vigor a tus huesos; serás como huerto regado, y como manantial cuyas aguas nunca faltan.
Isaías 58:11 *(LBLA)*

Los extranjeros que desean explorar por cuenta propia las regiones despobladas y selváticas de Sur América, deben estar bien preparados para enfrentar desafíos. Aquellos que desean aventurarse en las selvas del Amazonas o en los Andes sin un guía, o sin la preparación adecuada, pronto encontrarán que sus vidas están en peligro.

En su libro *A Slow and Certain Light (Una luz tenue y segura)*, la misionera Elisabeth Elliot relata de dos aventureros que se detuvieron para verla en el campamento. Llevaban exceso de pertrechos para penetrar la selva, y no solicitaron consejo alguno. Sólo le pidieron que les enseñara algunas frases del lenguaje de aquella zona, para poder dialogar un poco con los indios.

Asombrada ante su temeridad, ella apreció un paralelo entre estos viajeros y los cristianos. Escribió lo siguiente: «A veces nos acercamos a Dios, así como estos dos aventureros vinieron a mí: confiados, y a nuestro parecer, bien informados y equipados. ¿Pero se nos habrá ocurrido que con toda la acumulación de cosas, hay algo que nos falta?».

Ella sugiere, que en nuestra arrogancia, a menudo le pedimos a Dios demasiado poco. «Sabemos lo que necesitamos: una respuesta sí o no, por favor, ante una pregunta sencilla. O quizá un letrero en el camino. Algo que sea fácil y rápido, y que nos muestre el sendero. Lo que necesitamos en realidad, es al Guía mismo. Los mapas, letreros en el camino, algunas frases útiles, todas son buenas cosas, pero muchísimo mejor es Alguien que ha estado ahí antes y que conoce el camino»[7].

En medio de tu ocupado y tenso día, es posible que enfrentes situaciones inesperadas. Confía en Dios como tu único Guía, y ora: «¡Señor, sé que esta situación no te ha tomado por sorpresa! Tú sabías que venía, y ya has abierto un camino frente a mí. Te agradezco que me conduzcas hacia donde preciso ir, y me des lo necesario para superar los momentos difíciles en mi transitar».

Humor santo

El que mora en los cielos se reirá.
Salmos 2:4

¿Es la risa teológicamente correcta? Cuando pensamos en lo que significa ser espiritual, no es algo relacionarlo con una risa incontrolable, que nos cause cosquilleo en las costillas. ¿Pero, es ésta la perspectiva de Dios?

En la novela de Umberto Eco, *The Name of the Rose (El nombre de la rosa),* un monje villano llamado Jorge, envenenaba a todos los que se acercaban al único libro de la biblioteca del monasterio, el cual daba a entender que Dios reía. Jorge temía que si los monjes aceptaban esta idea, Dios se convertiría en un ser demasiado familiar para ellos, demasiado común, y perderían toda reverencia hacia Él. Es muy probable que Jorge nunca se detuviera a considerar que la risa es una de las cosas, que nos distinguen como criaturas hechas a imagen y semejanza de Dios.

En el libro *Spiritual Fitness (El buen estado espiritual),* Doris Donnelly nos dice que el humor posee dos elementos: la aceptación de las incongruencias de la vida, y la habilidad de no tomarnos a nosotros mismos con demasiada seriedad. La fe cristiana está llena de incongruencias: los mansos heredarán la tierra, los simples enseñan sabiduría, la muerte nos lleva a la vida, una virgen da a luz, un rey nace en un pesebre. Muchas, pero no todas las incongruencias de la vida son graciosas[8].

El buen humor nos ayuda a soltar el exagerado sentir de importancia, para enfrentar la verdad sobre nosotros mismos. La ansiedad como resultado de nuestros propios esfuerzos, puede oscurecer lo que Dios está haciendo en nuestras vidas. «Relájate un poco»¡podría ser un buen consejo espiritual!

¿Cómo podemos renovar nuestro sentido del humor?

- Debes estar pendiente al humor. Casi todas las situaciones poseen algún elemento del mismo.

- Invierte tiempo con personas que tienen un buen sentido del humor; su perspectiva será contagiosa.

- Practica el reír. Toma un descanso de cinco a diez minutos diarios sólo para reír.

Puedes obtener beneficio de la risa. El buen humor requiere del sentido de honestidad sobre quién eres, sin arrogancia o falsa humildad. También se ha probado que la jovialidad es provechosa para la salud. Toma tiempo para reírte cada día; es bueno para el alma y el cuerpo.

Día tras día

El pan nuestro de cada día, dánoslo hoy.
Mateo 6:11

En cierta ocasión una madre visitó inesperadamente a su hija recién casada, y de inmediato fue recibida con un diluvio de lágrimas. Alarmada, la madre le preguntó:

—¿Qué ha ocurrido querida?

Su hija le respondió: —¡No es lo que ha sucedido, sino lo que continúa sucediendo!

Aun con mayor preocupación la madre indagó: —¿Y qué es lo que continúa sucediendo?

La hija respondió: —Cada día hay platos por lavar, cenas que preparar y almuerzos que empacar. Cada día hay ropa que lavar y camas por hacer, y una casa que limpiar.

—¿Y? —preguntó la madre, insegura aún respecto a la naturaleza del problema.

—¿Es que no entiendes? —dijo la hija entre sollozos—. ¡La vida es tan *diaria*!

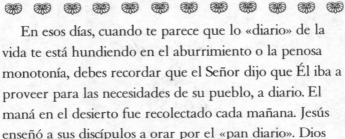

En esos días, cuando te parece que lo «diario» de la vida te está hundiendo en el aburrimiento o la penosa monotonía, debes recordar que el Señor dijo que Él iba a proveer para las necesidades de su pueblo, a diario. El maná en el desierto fue recolectado cada mañana. Jesús enseñó a sus discípulos a orar por el «pan diario». Dios desea proveer lo que necesitamos, no sólo en el aspecto material y físico, sino también en lo emocional y espiritual, un día a la vez.

Confía en que Dios te ha de dar:

- los bienes materiales, dinero, alimento y los suministros que necesitas hoy.

- las ideas y energía creativa que requieres para el trabajo de este día.

- la resistencia, salud y las fuerzas que necesitas hoy para cumplir tus funciones y responsabilidades.

- el alimento espiritual y el valor para enfrentar y conquistar las tentaciones y pruebas del presente.

¡El Señor está contigo todo el día, cada día, día tras día!

※ ❀ ❀ ❀ ❀ ❀ ❀ ❀ ❀ ❀ ❀ ❀

Estorbos

Despojémonos de todo peso y del pecado que nos asedia.
Hebreos 12:1

En la novela de Julio Verne, *The Mysterious Island (La isla misteriosa),* el autor cuenta de cinco hombres que escaparon de un campamento de prisioneros durante la Guerra Civil, secuestrando un globo de aire caliente. Mientras se elevaban, notaron que el viento los arrastraba sobre el océano. Observando a su patria desaparecer de vista en el horizonte, se preguntan cuánto tiempo más permanecerá el globo en las alturas.

Al pasar las horas y acercarse cada vez más la superficie del océano, los hombres deciden que deben arrojar algo del peso que llevan, ya que no tienen cómo calentar el aire en el globo. De mala gana se deshacen de zapatos, abrigos, armas, y los incómodos aviadores sienten que el globo comienza a elevarse.

Sin embargo, poco tiempo después, enfrentan otra vez el peligro de encontrarse cerca de las olas, y arrojan sus alimentos. Por desdicha, esto resulta ser tan sólo una solución provisional, y la nave vuelve a amenazar con descender al mar. A uno de los hombres se le ocurre una idea: atar las sogas que sostienen el carro de pasajeros y sentarse sobre ellas. Entonces, proceden a cortar la cesta en la cual viajan, y al hacerlo, el globo comienza a elevarse otra vez.

A tiempo, logran identificar tierra, y los cinco se dejan caer al agua y nadan hasta llegar a la isla. Todos sobrevivieron ya que pudieron discernir la diferencia entre lo que era verdaderamente necesario y lo que no lo era. Las «necesidades» que en un momento dado catalogaban de imprescindibles, eran en realidad los pesos que casi les hacen perder la vida.

¿Por qué no hacer una evaluación sincera de las cosas que pueden estar impidiendo que avances? ¿Son estas necesidades físicas o espirituales, para ti o para alguien a quien amas? ¿Cómo sería tu vida sin ellas? Si decides eliminarlas ¿tendrías más tiempo disponible para hacer aquellas cosas que son de verdadera importancia para ti?

Pídele a Dios que te muestre cómo podría mejorar tu calidad de vida, si logras hacer algunos cambios, y sueltas ciertas cosas que te están agobiando.

Detente y piensa

*Dios… nos da todas las cosas en abundancia
para que las disfrutemos.*
1Timoteo 6:17

Cuando uno tiene prisa y está atrasado, parece ser que las únicas luces del semáforo que uno enfrenta, son las rojas. Y aunque son un estorbo cuando queremos llegar a tiempo a una cita, están ahí para nuestra protección.

A lo largo del día, también necesitamos luces rojas. El trabajo excesivo y los horarios ocupados necesitan ser «interrumpidos» por momentos de ocio y reflexión. Sin estos, podemos contraer serias enfermedades, con males producidos por las tensiones. El tiempo que dediquemos al recreo o al relajamiento, puede rejuvenecer nuestro espíritu. El siguiente poema de W.H. Davies, nos dice que debemos tomar tiempo para «detenernos y observar»:

*Qué es esta vida sino, repleta de ansiedad
No hay tiempo para detenernos y observar.
No hay tiempo para estar bajo las ramas
Y mirar fijamente, como las ovejas o vacas.
No hay tiempo para ver, los árboles que pasamos
Donde las ardillas esconden sus nueces en la grama.*

No hay tiempo para ver, en plena luz del día
Arroyos llenos de estrellas, como estrellas en la noche.
No hay tiempo para voltear, ante un atisbo de
Hermosura, y ver sus pies, como pueden danzar.
No hay tiempo para esperar hasta que su boca pueda
Enriquecer la sonrisa que sus ojos comenzaron.
Qué pobre es esta vida, repleta de ansiedades
No hay tiempo para detenernos y observar[9].

Existen dos formas de sobrevivir en medio de nuestra ocupadísima vida. Una es, parar de pensar. La segunda es detenernos y pensar. Muchas personas viven según la primera. Llenan cada hora con incesantes actividades. No se atreven a estar solos. No hay tiempos de quieta reflexión en sus vidas. La segunda forma: detenernos y pensar, significa contemplar para qué es la vida, y cuál es el fin por el que estamos viviendo. La palabra Sabbath (sábado) significa literalmente, «dejar de hacer lo que estás haciendo».

En el día de hoy, regálate una «mini-vacación» de cinco o diez minutos. Procura estar a solas, en sosiego, y escucha a Dios hablándote. Dedica tiempo para estar a solas con Dios.

Convierte las tinieblas en luz

Tú enciendes mi lámpara, oh SEÑOR;
mi Dios que alumbra mis tinieblas.
Salmos 18:28 (LBLA)

No deberían ser las enfermedades graves las que nos hagan detenernos y descubrir qué es lo que en realidad importa, pero así sucede a veces. En ocasiones, una catástrofe puede llegar a ser una bendición disfrazada.

A Roger Bone, un médico en el estado de Ohio, le diagnosticaron cáncer renal. Los cirujanos recomendaron que su riñón y glándula adrenal fueran removidos por vía quirúrgica. Después del diagnóstico, algunos de nosotros nos hubiésemos aislado del resto del mundo, estaríamos llenos de amargura y temor o habríamos negado que algo grave estaba ocurriendo. Roger Bone nos enseña que hay una forma mejor de lidiar con el asunto. Él dice que las siguientes cuatro observaciones se han convertido en un «estilo de vida» para él.

1. A menudo la buena salud se toma por sentado; sin embargo, es el producto más preciado que poseemos.

2. La esposa, los hijos, la familia y los amigos son los ingredientes esenciales que nos permiten soportar una experiencia, como lo es una enfermedad grave.

3. Al enfrentarnos con la muerte, uno comprende la importancia de Dios y de nuestra relación con Él.

4. Las cosas que uno hace a lo largo de la vida, que parecen ser tan urgentes, la mayor parte de las veces, no son tan importantes»[10].

Tú también puedes cruzar a través de las pruebas de fuego en tu vida, con la misma perspectiva positiva. Comienza hoy considerando cuáles son aquellas cosas que valoras sobre las demás, y que aprecias con todo el corazón. Es posible que te sorprendas de cómo cambian tus prioridades, y en qué medida se enriquece tu vida.

Una cubierta encuadernada en cuero

Pues el hombre mira la apariencia exterior,
pero el SEÑOR mira el corazón.
1 Samuel 16:7 (LBLA)

*D*odie Gadient, maestra de escuela con trece años de experiencia, decidió viajar a través de América del Norte y visitar aquellos lugares de interés, de los que había estado enseñando por tantos años. Se lanzó en su aventura manejando un viejo camión, sola, y remolcando una casa de acampar sobre ruedas. Una tarde, mientras se encontraba en medio del pesado tráfico de California, la bomba del agua de su camión se dañó. Dodie estaba cansada, irritada y asustada, ya que a pesar del tranque vehicular que había causado, nadie parecía estar interesado en ayudarla.

Recostándose por fin al remolcador comenzó a orar: «Por favor, Señor, envía un ángel... de preferencia uno que tenga experiencia como mecánico». Antes de cumplirse los cuatro minutos de espera, se acercó una enorme motocicleta Harley, conducida por un voluminoso individuo con una larga cabellera, barba y tatuajes en ambos brazos. Portando un increíble aire de confianza, el hombre se bajó y comenzó a trabajar en el camión. Poco tiempo después, le hizo señal de detenerse a otro camión mayor, le amarró una cadena al camión que estaba descompuesto, y lo arrastró hasta sacarlo de la autopista hacia una calle lateral, y allí, con calma, continuó trabajando en la bomba del agua.

La amedrentada maestra estaba demasiado pasmada para emitir palabra alguna, en especial cuando leyó las paralizantes palabras que tenía el individuo en la parte trasera de su chaqueta de cuero: «Ángeles del Infierno, California». Cuando el individuo terminó el trabajo, ella cobró ánimo para decirle: «Muchas gracias», y conversar un poco con él.

Al notar la sorpresa de la maestra ante tal experiencia, él la miró muy fijo a los ojos y dijo entre dientes: «No juzgues a un libro por la portada. Es posible que no sepas con quién estás hablando». Y con eso sonrió, cerró el capó del camión, y subió a su Harley. Y con un saludo de mano, se marchó tan rápido como llegó[11].

Dios tiene una manera de abrir nuestros ojos, de expandir nuestra perspectiva y de mostrarnos Sus más grandes tesoros, las personas, si es que nos tomamos el tiempo para mirar más allá de nuestros prejuicios personales e ideas preconcebidas. ¡Abre tu entendimiento y permite que en el día de hoy, Dios te muestre algunos de Sus tesoros!

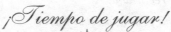

¡Tiempo de jugar!

Si no os volvéis y os hacéis como niños,
no entraréis en el reino de los cielos.
Mateo 18:3

Este hermoso poema para niños, del autor Miroslav Holub, nos permite echar un vistazo a lo que ocurre en la imaginación de un chico.

La cabeza de un chico

En ella hay una nave espacial
y un proyecto para terminar con las clases de piano.
Y ahí está el Arca de Noé que será primero.
Y hay un pájaro nuevo por completo,
una liebre nueva por completo,
una abeja nueva por completo.

Hay un río que fluye hacia arriba.
Hay una tabla de multiplicación.
Hay un anticuerpo.
Y sencillamente, no se puede recortar.
Creo que una cabeza es lo único que no

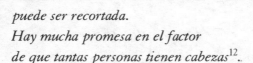

puede ser recortada.
Hay mucha promesa en el factor
de que tantas personas tienen cabezas[12].

Jesús nos dijo que debemos *ser como* niños, ¡no *comportarnos* como niños! Él quiso decir que debíamos tener la fe ilimitada y la disposición de ser enseñados, como la que ellos tienen. Cuando somos jóvenes, todo es nuevo, y todas las situaciones tienen el potencial de llegar a ser una aventura. Aun los tiempos difíciles se enfrentan con tal tenacidad y valentía, que podemos hacer cualquier cosa que sea necesaria, y Dios se encargará de que todo obre para bien.

Al tomar un breve descanso el día de hoy, permite que Dios trace pinceladas de nuevos sueños en tu corazón. Entonces, con la fe de un niño, ponte en marcha y conviértelos en realidad.

Promesa de Dios

*Y he aquí yo estoy con vosotros todos los días (siempre, con
uniformidad, y en cada ocasión) hasta el fin del mundo.*
Mateo 28:20

Una persona que llevó a cabo una encuesta informal
sobre las oraciones que se hacían en su iglesia, descubrió
que la mayoría, expresa una de dos tipos de súplicas. La
primera es la oración SOS, no sólo un «Sálvanos Oh
Señor», sino «Oh Dios, ayúdanos, ahora».

La segunda era del tipo RNP, «Resuelve Nuestros
Problemas». Los seres humanos piden al Señor que
elimine todas las necesidades, luchas, pruebas y
tentaciones. Lo que deseaban era tener vidas perfectas, y
sin problemas, creyendo de veras, que esto era lo que
Dios había prometido. Basada en la encuesta, dicha
persona llegó a esta conclusión: «La mayoría de las
personas desean que sea Dios quien lo haga todo».

Sin embargo, Dios no ha prometido vivir nuestras
vidas en lugar nuestro, más bien, caminar *junto* a
nosotros a través de la existencia.

Nuestra parte es, ser fieles y obedientes; la que le
corresponde a Él es dirigirnos, guiarnos, protegernos y

ayudarnos. Annie Johnson Flint reconoce en este poema la verdadera naturaleza de las promesas de Dios:

Lo que Dios ha prometido

Dios no ha prometido
Un cielo siempre azul,
Senderos llenos de flores
A través de nuestras vidas;
Dios no ha prometido
Un sol sin lluvia,
Gozo sin pena,
Paz sin dolor.
Pero Dios sí ha prometido
Fuerzas para el día,
Descanso para el trabajo,
Luz para el camino,
Gracia para las pruebas,
Socorro desde lo alto,
Compasión indefectible,
Amor eterno[13].

En el día de hoy, haz lo que bien sabes está en tus posibilidades, y entonces confía en que ¡Dios hará lo que tú no puedas hacer!

Aprecia cuánto vales

*Sino que vuestro sí sea sí, y vuestro no sea no,
para que no caigáis en condenación.*
Santiago 5:12

*E*n su libro *Up from Slavery*, Booker T. Washington
describe a un ex esclavo del estado de Virginia:

«*S*upe que este esclavo había firmado un contrato con su
amo, unos dos o tres años antes de la Proclama de
Emancipación, en el cual se estipulaba que al esclavo se le
permitiría comprarse a sí mismo, al pagar cierta cantidad
de dinero cada año por su cuerpo; y mientras lo hacía, se le
permitiría trabajar dónde y para quien quisiera.

»*A*l enterarse que en Ohio podía recibir mejor salario
por sus labores, hacia allí se dirigió. Al llegar la libertad
para todos los esclavos, el hombre aún estaba en deuda con
su amo por una suma de trescientos dólares. Aunque la
Proclama de Emancipación lo liberaba de toda
responsabilidad con su amo, este hombre negro recorrió
gran distancia, de regreso a donde vivía aquél, en el estado

de Virginia. Al llegar depositó en las manos del amo, el último dólar que le debía, con intereses.

»*Al dialogar conmigo sobre este tema, el hombre me dijo que él sabía que no estaba obligado a pagar su deuda, pero que había empeñado su palabra con su amo, y que nunca había roto un compromiso. El hombre sentía que no podría disfrutar su libertad hasta que cumpliera su promesa*»[14].

Aunque nació siendo esclavo, el hombre que Washington describió, conocía con certeza su valor. Más importante aun, él sabía que como hijo de Dios, y ahora libre, su palabra debía ser una en la que se puede confiar. Conocía que podría dormir en paz, si cumplía todas sus promesas.

Vivimos en un mundo donde empeñar nuestra palabra no es tomado con seriedad. Dios desea que andemos en bendición, y que podamos dormir en paz; es por esta razón que Él nos exhorta a ser conocidos como hombres de palabra firme.

Procura estar al tanto de todas las veces que prometes algo a los demás, y procura cumplir. No sólo dormirás en paz, sino que tus amigos, familiares, vecinos y compañeros de trabajo desarrollarán un nuevo respeto por ti.

Llegar a la cima

Tened por sumo gozo cuando os halléis
en diversas pruebas.
Santiago 1:2

Es muy importante poder recuperarse después que uno
se ha fracturado la espalda y algunas costillas. Sólo
pregúntele a Jaroslav Rudy, un checoslovaco quien reside
en los Estados Unidos, hace unos diez años.

Jaroslav viajaba a alta velocidad en su motocicleta por
un sendero aislado, y al tomar una curva chocó con una
piedra, y perdió el control de su vehículo. Segundos
después, estaba en el fondo de un terraplén de treinta
pies, fuera de la vista de cualquiera que viajara o caminara
por el sendero.

Rudy permaneció dos días en el mismo lugar donde
cayó; le era imposible moverse por causa de sus heridas.
Las bajas temperaturas, el hambre y el dolor lo
motivaron por fin, a intentar regresar al sendero.

Sus primeras tentativas resultaron ser inútiles, el dolor
era demasiado intenso. Al siguiente día, lo intentó de
nuevo, comenzando a las seis de la mañana. Iba

arrastrándose pulgada a pulgada, mientras escuchaba el crujiente sonido de sus lesionados huesos, y se desmayó varias veces en el proceso, por lo que demoró unas seis horas en llegar al sendero. Fue entonces cuando cuatro ciclistas lo encontraron. Poco tiempo después, era llevado al hospital.

Cuando te falten las fuerzas y enfrentes una meta que simplemente tienes que alcanzar, no tienes que rendirte, pero sí debes ser sensible.

- Examina tu situación, y dedica tiempo para analizar lo que tienes que hacer y cuáles son los recursos disponibles. Pídele al Señor que te dé Su sabiduría y Su plan.

- Idea un plan de ataque, y que el mismo incluya un horario y programa para lo que esperas lograr, en un período de tiempo dado.

- Toma breves descansos a lo largo del camino, de modo que tu creatividad y energía sean renovadas.

- Siempre recuerda que a pesar del éxito que alcances, la realidad es que nunca lo hiciste solo.

¡Abre la puerta!

*He aquí, yo estoy a la puerta y llamo; si alguno oye mi voz y
abre la puerta, entraré a él, y cenaré con él, y él conmigo.*
Apocalipsis 3:20

Un rabino fue visitado en cierta ocasión por varios
eruditos, y los sorprendió al hacerles la siguiente
pregunta: «¿Dónde habita Dios?»

Los hombres se rieron de él diciendo: «¡Qué
pregunta!¿Acaso no está toda la tierra llena de su gloria?»

El rabino respondió su propia pregunta al decir: «Dios
habita dondequiera que el hombre se lo permita».

Al observar la abundancia de problemas que hay en
nuestro mundo, nos sentimos abrumados ante el hambre,
las enfermedades, el abuso, el crimen, etc. Algunos
señalamos hacia el cielo y decimos: «¿Dónde está Dios?
¿Por qué no hace algo?».

Lo cierto es que el Señor observa estas mismas
circunstancias y se pregunta llorando: «¿Dónde está mi
pueblo?¿Por qué no hacen algo?».

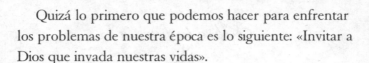
Quizá lo primero que podemos hacer para enfrentar los problemas de nuestra época es lo siguiente: «Invitar a Dios que invada nuestras vidas».

Cuando a diario invitamos a Dios a nuestra vida, experimentamos Su paz, y adquirimos una creciente comprensión sobre cómo vivir de acuerdo a Su plan. Somos transformados por la presencia de Su Espíritu Santo en personas que manifiestan amor, dedicación y moralidad.

Andar de tal forma con el Señor cada día, hará posible que fluya la productividad en tu vida. Él te hará saber cuales problemas debes enfrentar, y cómo hacerlo. Él traerá personas que te ayudarán a cumplir lo que Él te ha demandado.

Invita hoy a Dios, a cada lugar donde vayas, la tienda, la fábrica, el negocio, o la escuela. Pídele que forme parte de cada encuentro y relación. ¡Él ha prometido «entrar» en cada puerta que ante Él se abra!

Conclusiones

*Sino que lo necio del mundo escogió Dios,
para avergonzar a los sabios; y lo débil del mundo
escogió Dios para avergonzar a los fuertes.*
1 Corintios 1:27

$\mathcal{E}$xaminar los «más profundos significados» de la vida es una preocupación muy común, y a menudo, las conclusiones a las que arribamos en el proceso, son erradas. Suponemos que las cosas no son como parecen, y que debe haber un significado escondido en lo que las personas hacen, cuando en realidad, no hay tal cosa.

En su obra *Laughing Outloud and Other Religious Experiences (Riendo en voz alta y otras experiencias religiosas)*, Tom Mullen relata la historia de un ingeniero, un psicólogo y un teólogo que estaban de cacería, en los bosques del norte de Canadá. Durante la misma, encontraron una cabina aislada, y debido a que la hospitalidad es una virtud de los que residen en el bosque, los cazadores tocaron en la puerta de aquélla. Como nadie respondió, entraron y encontraron dos habitaciones con pocos muebles y utensilios domésticos. No había allí nada fuera de lo común, excepto una gran estufa barrigona hecha de hierro fundido, ¡colgando en medio de la cabina y amarrada con alambres a las vigas del techo!

—Fascinante —dijo el psicólogo—. Es obvio que este solitario cazador, aislado del resto de la humanidad, ha elevado su estufa para poder acurrucarse debajo de ella, y experimentar un regreso al vientre de su madre.

El ingeniero interrumpió: —¡Tonterías! El hombre está practicando las leyes de la termodinámica. Al elevar la estufa, ha descubierto una manera de esparcir por igual el calor, a través de la cabina.

—Con el debido respeto —dijo el teólogo—, estoy seguro que colgar la estufa del techo posee un significado religioso. El fuego que «se eleva», ha sido por siglos, un símbolo religioso.

Los tres hombres debatieron sus puntos de vista por varios minutos, y entonces regresó el cazador. Al preguntarle por qué había colgado del techo su pesada estufa barrigona, su respuesta fue concisa: —¡Me sobraba el alambre, y no tenía suficiente tubería de estufa![15].

Estar siempre concentrados en hallar significados ocultos en las acciones de compañeros de trabajo y miembros de nuestra familia, puede crear desconfianza y convertirse en un gran desperdicio de tiempo. Decide en el día de hoy, creer y aceptar la palabra de las personas, y confía en que el Señor revelará Su verdad en cada situación.

❧ ❧ ❧ ❧ ❧ ❧ ❧ ❧ ❧ ❧ ❧ ❧

Pausas en el camino

Jesús… volvió a retirarse al monte, él solo.
Juan 6:15

*U*n santuario es un lugar de refugio y protección; un lugar donde puedes dejar el mundo atrás.

En tiempos de la Edad Media, los viajeros podían encontrar pequeños refugios a lo largo del camino, en los cuales colgaba una cruz y la imagen de un santo. El viajero podía detenerse en uno de estos «santuarios» para descansar y orar, recuperando así sus fuerzas para continuar el viaje.

En el mundo contemporáneo en el cual vivimos no hay santuarios al borde del camino, donde podamos detenernos y descansar. Pero nuestras mentes y corazones aún se fatigan. Tenemos que crear nuestras propias paradas al borde del camino; no en senderos reales, sino en el transitar de la vida diaria.

Asistir a un servicio de adoración el fin de semana, por lo general no provee todo lo necesario para ayudarnos a través de siete días. No importa lo inspirador que haya sido ese servicio, necesitamos algo más, que nos permita estar firmes hasta el próximo. Necesitamos sitios donde hacer un alto durante la semana; santuarios íntimos, aquí y allá, donde podamos detenernos y permitir que Dios refresque nuestra alma con Su presencia.

¿Cuáles son algunos de los santuarios a los que puedes acudir y hallar restauración?

- Leer las Escrituras es uno de ellos. Sumérgete en un salmo o pasaje favorito.

- Un pequeño libro devocionario, como el que estás leyendo, es una buena opción para restaurar tus energías.

- Un tipo de santuario podría ser un amigo cristiano de confianza con quien puedas mostrarte tal como eres. Podemos nutrirnos en gran medida de la fe, exhortación y la perspectiva de otras personas.

- Participar del servicio de comunión durante la semana, te ofrece la oportunidad de participar y nutrirte de la Cena del Señor.

- Visita un parque o siéntate en el patio de tu casa y lee; o canta en voz alta un himno o cántico de alabanza.

Jesús es tu ejemplo, y a menudo se apartaba a un lugar tranquilo, para recuperar las fuerzas en la comunión con su Padre celestial. ¡Construye tus propios santuarios, hoy!

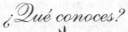

¿Qué conoces?

*Y ciertamente, aun estimo todas la cosas como
pérdida por la excelencia del conocimiento de Cristo Jesús.*
Filipenses 3:8

«Hay dos tipos de conocimiento», dijo Samuel Johnson. «O conocemos sobre un tema por cuenta propia, o sabemos dónde podemos encontrar información al respecto».

También existe una tercera área de conocimiento: lo *desconocido*. Por mucho que intentemos descubrir todos los secretos del universo, hay cosas que nunca podremos averiguar o comprender. Tal y como le dijo el apóstol Pablo a los corintios: «Ahora conozco en parte; pero entonces (en el más allá) conoceré como fui conocido» (1 Corintios 13:12).

Es muy tentador convertirnos en un sábelotodo. Conocer cómo hacer ciertas cosas, cómo arreglar o hallar algo, causa en nosotros un sentir de placer. Todos hemos experimentado las recompensas asociadas con aprender nuevas destrezas y desarrollarlas al máximo de nuestras habilidades.

Disfrutamos el que otros vengan a nosotros en busca de respuestas o información. Gran parte de nuestra estima propia se adquiere de lo que conocemos y de lo que podemos hacer.

Pero debe haber un equílibriobalance. Debemos enfrentar la cruda realidad de que nunca llegaremos a tener pleno conocimiento sobre ningún tema en particular. No podremos alcanzar la perfección en ninguna destreza hasta el punto de no cometer errores jamás. De hecho, mientras más conocemos acerca de algo, mayor es nuestra comprensión de cuánto *no* sabemos. Mientras más destreza adquirimos, más conscientes estamos de que los accidentes ocurren, de que algunos días son «pésimos», y que todos tenemos uno de esos de vez en cuando.

Si así lo deseamos, podemos convertirnos en personas obsesionadas con nuestra propia perfección y potencial, e invertir todo el tiempo que tenemos disponible leyendo, estudiando y tomando cursos. Podemos decidir escuchar lecciones grabadas mientras salimos a trotar, y hacer de nuestras vacaciones una «experiencia de aprendizaje».

Sin embargo, una forma más sabia de enfocar la vida es invertir más tiempo en conocer a Dios. Mientras más lo conoces, más fácil será confiar en Él, escuchar Su voz, y demostrarle Su amor a tu familia, amigos, vecinos y compañeros de trabajo. Llegarás a saber lo necesario para poder cumplir su voluntad. Lo que conocemos y lo que podemos hacer nunca será tan placentero o significativo como el conocer a Dios y servir a los demás.

¡En vez de procurar convertirte en un «banco de información», decide transformarte en un canal de bendición!

Corto de vista

*Así que, según tengamos oportunidad, hagamos bien
a todos, y mayormente a los de la familia de la fe.*
Gálatas 6:10

¿Desperdicias las oportunidades que pueden representar grandes cambios en la vida, por ser corto de vista? Entonces considera el siguiente ejemplo:

Cierto individuo se acercó a un chofer de taxi en la ciudad de Nueva York y le dijo: «Llévame a Londres». El chofer le dijo que era imposible manejar a través del Atlántico. El cliente insistió. «Manejas hasta el muelle, montamos el taxi en un barco de carga hacia Liverpool, y me conduces hasta Londres, donde te pagaré la cantidad que marque el contador».

El chofer estuvo de acuerdo, y cuando llegaron a Londres, el pasajero pagó la cantidad reflejada por el marcador y además, una propina de mil dólares.

El chofer, manejó errante por la ciudad de Londres sin estar muy seguro de qué hacer. Entonces un inglés le hizo una señal y le expresó: «Quiero que me lleves a Nueva York». El taxista no podía creer su buena suerte.

¿Cuán a menudo puede uno recoger un pasajero en Londres que desee ir a Nueva York?

Cuando el pasajero comenzó a decir: «Primero, nos montamos en un barco...,» el taxista lo interrumpió.

«Sí, ya sé cómo. ¿A qué parte de Nueva York desea ir?»

El pasajero dijo: «Riverside Drive y la calle 104».

A lo que el taxista respondió: «Lo siento, no suelo viajar al oeste de la ciudad».

Jesús era un conocedor de las Escrituras, y cumplía con las tradiciones de su herencia. Él también tenía una rutina diaria de oración y de ministrar a las necesidades del pueblo. Sin embargo, Él nunca permitió que las tradiciones o las preferencias personales se convirtiesen en obstáculo, al cumplir con la voluntad de Dios para cada día.

Busca las oportunidades que Dios te da de servirle a Él, sirviendo a los demás. No permitas que las rutinas diarias, las preferencias personales, o la falta de visión sean un impedimento a lo que el Señor desea hacer en y a través de ti, hoy.

Dios es bueno

Amigo, sube más arriba.
Lucas 14:10

Una antigua leyenda sobre un cisne y una grulla nos habla sobre la bondad de Dios, la cual puede ser diferente a lo que nosotros consideramos como bueno.

Un hermoso cisne quiso descansar a orillas de una charca en la que una grulla caminaba por el agua, en busca de caracoles. Esta última observó al cisne por varios minutos y luego le preguntó: —¿De dónde vienes?

El cisne respondió: —¡Vengo del cielo!

—¿Y dónde está el cielo? —preguntó la grulla.

—¡El cielo! —contestó el cisne—. ¡El cielo! ¿Nunca has escuchado acerca del cielo? Entonces el hermoso cisne comenzó a describir la grandeza y el esplendor de la ciudad celestial. Le habló a la grulla sobre las calles de oro y de las puertas y muros hechos con piedras preciosas. Le contó sobre el río de vida que era tan puro como el cristal. En las orillas de este río había un árbol que tenía hojas para la sanidad de las naciones del mundo. Con un lenguaje amplio y elocuente, el cisne describió a las huestes de santos y ángeles que viven en el mundo del más allá.

Con asombro, la grulla no parecía estar muy interesada en el lugar que el cisne describía. Y al final le preguntó al cisne:

—¿Hay caracoles allí?

—¡Caracoles! —declaró el cisne, repugnado ante tal ocurrencia—. ¡No! ¡Por supuesto que no hay caracoles!

—Entonces puedes quedarte con tu cielo —dijo la grulla, al continuar en su búsqueda a lo largo de las limosas y fangosas riberas de la charca—. ¡Lo que yo quiero son caracoles![16].

En esta fábula encontramos una verdad muy profunda. ¿Cuántos de nosotros damos las espaldas a las cosas buenas que Dios nos tiene reservadas, con tal de ir en busca de caracoles?

Ve en busca de aquellas buenas cosas que Dios tiene para ti, hoy. Ruégale a Dios que cree en ti el deseo por Su bondad, y no por lo que consideras benigno según *tu* propio parecer. ¡No entierres tu cabeza en el limo profundo, cuando Dios desea que experimentes las delicias y el gozo de Su cielo!

Brisas frescas

Al SEÑOR esperé pacientemente,
y Él se inclinó a mí y oyó mi clamor.
Salmos 40:1 (LBLA)

Vivimos a un ritmo tan acelerado, que a menudo no trascendemos del nivel más superficial. Hojeamos con ligereza los libros y las revistas. Navegamos con rapidez a través de los canales de televisión. Compramos alimentos desde nuestro auto por una ventanilla, y los consumimos camino a nuestro próximo destino. Escuchamos «diminutas porciones» de opiniones en el noticiero nocturno, y dejamos mensajes de treinta segundos, en las máquinas contestadoras. Condensamos las investigaciones y opiniones en formatos de nota recordatoria.

James Carroll comentó sobre esta tendencia al escribir lo siguiente:

Gastamos la mayor parte de nuestro tiempo y energías en una especie de pensamiento horizontal. Nos desplazamos a través de la superficie de las cosas, moviéndonos de un concepto a otro, y a menudo con tal desenfreno que nos desgasta. Acumulamos información, aspectos, individuos, ideas, «experiencias profundas», sin penetrar en ninguna de ellas... Pero existen otros momentos. Hay instantes en que nos detenemos. Nos sentamos en quietud. Nos perdemos en un montón de hojas o en el recuerdo de las mismas. Escuchamos, y las brisas de un mundo diferente por completo, comienzan a susurrar[17].

Quizá lo mejor que puedas hacer durante tu merienda hoy es, ¡nada! Desconéctate de tus colegas. Apaga el timbre de tu teléfono. Detente a mirar fuera de tu ventana, y coloca en neutro tu corazón y tu mente.

La comunicación con Dios, la oración, ¡es una conversación entre dos! No es tan sólo la expresión de alabanzas y peticiones, sino *comunión* continua. Es sentarse en silencio con Dios, atentos a lo que Él desee comunicarnos. Regocíjate en el hecho de que Él es, tú eres, y que tienes una relación con Él. Es en estos momentos especiales ante Dios, cuando sus brisas frescas pueden entrar en tu corazón y refrescarte.

Forma y sustancia

*Mas tú, cuando ores, entra en tu aposento, y cerrada
la puerta, ora a tu Padre que está en secreto; y tu
Padre que ve en lo secreto te recompensará en público.*
Mateo 6:6

La preocupación de la nación americana por la
«imagen», parece haber alcanzado proporciones fuera de
lo común. El creyente, igual que todos, también desea
demostrar su mejor desempeño tan frecuente como sea
posible. Por desdicha, a veces esto nos puede llevar a
convertirnos en expertos en forma, y perder casi por
completo la sustancia. Consideremos la siguiente historia:

Un creyente devoto y dueño de un gato, solía dedicar
varios minutos cada día en su habitación, a la oración y a la
meditación. Allí leía una porción de las Escrituras y un libro
devocionario, seguido por un tiempo de reflexión y oración
en silencio. Al pasar el tiempo, sus oraciones se hicieron cada
vez más largas e intensas. Comenzó a desarrollar un aprecio
por este tiempo a solas con Dios en su aposento. El gato
también disfrutaba el momento. Éste se acercaba a él con
cariño, y con ruidoso ronroneo rozaba su peludo cuerpo

contra el hombre. Como esto interrumpía su tiempo de oración, el hombre decidió colocarle al animal un collar alrededor del cuello y amarrarlo al poste de la cama, para impedir que mientras orara, esto sucediera.

A través de los años, la hija de este devoto creyente se percataba del gran significado que el tiempo devocional representaba para su padre. Cuando ella comenzó a establecer ciertas rutinas y patrones para su propia familia, decidió que lo apropiado era imitar a su padre. De igual forma, amarró el gato al poste de su cama y procedió con su tiempo devocional. Sin embargo, en su generación, la prisa reinaba, y no podía dedicarle tanto tiempo a la oración como solía hacer su padre.

El día llegó cuando su hijo creció. También él quería conservar algunas de las tradiciones familiares que para su madre y abuelo habían significado tanto. Pero el ritmo de la vida se había acelerado aún más, y ya no había tiempo para elaborar un tiempo de comunión íntima con Dios. Así que eliminó por completo el tiempo dedicado a la meditación, lectura bíblica y a la oración. A pesar de todo, con el fin de continuar la tradición, cada día mientras se vestía, ¡amarraba el gato al poste de la cama!

Ventana al mundo

Oh SEÑOR, te ruego que abras sus ojos para que vea.
2 Reyes 6:17 (LBLA)

Una historia de Inglaterra titulada *The Wonderful Window (La ventana maravillosa)*, cuenta de un oficinista inglés que trabajaba en condiciones tristes y deprimentes. Su edificio de oficinas estaba ubicado en un área en decadencia de la ciudad, y no había recibido el mantenimiento adecuado.

Pero este oficinista común no iba a permitir que su perspectiva de la vida fuera moldeada por la monotonía del ambiente que lo rodeaba. Así que cierto día, compró una ventana oriental, hermosa y multicolor, decorada con una inspiradora escena.

El hombre llevó la ventana y la hizo colgar en lo alto, en la pared de su oficina. Cuando el trabajador y desalentado oficinista miraba a través de ella, ya no veía las familiares escenas del barrio pobre, con sus oscuras calles y sucios mercados. En su lugar, veía una mágica ciudad con hermosos castillos y torres, parques verdes y hermosas casas, en amplias calles bordeadas con árboles. En la torre mayor de la ventana había un gran estandarte blanco con un poderoso caballero que protegía la mágica ciudad, de un dragón feroz y peligroso. Esta maravillosa ventana colocó una «aureola», sobre los quehaceres diarios del joven oficinista.

De alguna forma, mientras trabajaba largas horas en la tediosa labor de actualizar los libros y la contabilidad, de modo que se lograra un buen balance, el joven sentía que trabajaba para el caballero del estandarte. Esta sensación le produjo un sentir de honor y dignidad. Había encontrado un noble propósito al ayudar al caballero a mantener la ciudad feliz, hermosa, próspera y fuerte.

Tú tampoco tienes que permitir que tus circunstancias o el ambiente que te rodea te desanime. Dios te ha enviado al lugar donde trabajas, ya sea en el hogar, oficina, en la escuela o en una fábrica, con el propósito de hacer una labor noble para Él. Tú, Su obrero, haciendo llegar Su hermosura a todos los que te rodean.

Permanece en el juego

Al que venciere, le daré que se siente conmigo en mi trono, así
como yo he vencido, y me he sentado con mi Padre en su trono.
Apocalipsis 3:21

No tienes que ser un jugador de ajedrez para apreciar lo sucedido en la ciudad de Filadelfia, el día 17 de febrero de 1996. Un ser humano derrotó a un computador en un clásico partido de ajedrez , que fue observado a nivel internacional.

El campeón mundial de ajedrez, Gary Kasparov, no venció con tanta facilidad como esperaba. El primero de seis juegos lo perdió ante Deep Blue, el supercomputador IBM. Sin embargo, esto era precisamente lo que él necesitaba, ya que lo obligó a prestar mayor atención, a planificar estrategias más complejas, y dedicarse a la tarea de aprender más sobre un deporte, del cual es reconocido como un gran experto.

Kasparov obtuvo tres victorias y dos empates, en los siguientes cinco juegos del partido que duró toda una semana. Tuvo que hacer uso de cada uno de sus conocimientos sobre ajedrez, y otros que desarrollara durante el partido, para poder vencer a un computador con capacidad de calcular cincuenta mil millones de posiciones en sólo tres minutos.

Cuando tienes que enfrentarte ante un «retador» que parece tener la habilidad para vencerte, ¿qué puedes hacer?

1. Confía en tus propias habilidades, pero no te vuelvas arrogante.

2. De ser posible, prepárate de antemano. Esto significa que debes estudiar y practicar.

3. Examina tus destrezas en un «juego» bajo condiciones simuladas (por ejemplo, dar un discurso o leer un informe teniendo a tu familia como público).

4. Durante el tiempo de calentamiento, toma breves descansos. Aprovecha los mismos para evaluar tu desempeño o tan sólo para darle una tregua a tu mente.

5. Al llegar el «día del juego», relájate. Permite que toda la información que tienes acumulada en tu cerebro emerja a la superficie. Espera lo inesperado, y procura estar listo para improvisar y hacer los ajustes necesarios a mitad del camino. Y, ¡reserva algo para el próximo juego!

❧ ❧ ❧ ❧ ❧ ❧ ❧ ❧ ❧ ❧ ❧

El problema con tener la razón

Mirad por vosotros mismos. Si tu hermano pecare contra ti, repréndele; y si se arrepintiere, perdónale.
Lucas 17:3

Aunque no lo creas, a menudo es más difícil recibir con elegancia una disculpa, que ofrecerla. Como creyentes, sabemos que debemos perdonar «setenta veces siete» (Mateo 18:22), pero lo cierto es que algunos de nosotros podemos perdonar con sinceridad, y aún así continuar proyectando un aire de superioridad; una actitud impropia para un hijo del Rey.

Si estás esperando que alguien interiorice que te debe una disculpa, usa este tiempo de descanso para pensar en una respuesta que refleje perdón genuino, y que le permita al transgresor, sentir que aún tiene tu respeto. Considera la siguiente historia:

Un pasajero que viajaba en un tren, solicitó el menú antes de ordenar su almuerzo. En la lista de alimentos estaban incluidos un emparedado de ensalada de pollo, y un emparedado de pollo. El individuo decidió comer el emparedado de ensalada de pollo, pero se distrajo y escribió en la orden que deseaba el de pollo. Cuando el camarero trajo el emparedado de pollo, el cliente protestó con gran enojo.

La mayoría de los camareros hubiesen mostrado la orden al cliente de inmediato, la cual reflejaba que era él el equivocado. El camarero no hizo tal cosa. Expresó disculpas ante el error, se llevó a la cocina el emparedado de pollo, y unos minutos más tarde regresó con uno de ensalada de pollo que colocó frente al cliente.

Mientras consumía su emparedado, el cliente le echó un vistazo a la orden y pudo ver que el error había sido suyo. Cuando llegó el momento de pagar por el almuerzo, el hombre se disculpó con el camarero, y ofreció pagar por ambos emparedados. La respuesta del camarero fue: «No, señor. Todo está en perfecto orden. Quiero decirle que me hace feliz que usted me perdonara por haber tenido yo la razón».

Al aceptar la culpa al inicio, y permitir que el pasajero descubriera su propio error, el camarero logró varias cosas: le permitió al pasajero retener su dignidad, le recordó que debía tener mayor cuidado antes de culpar a los demás, y creó un mejor ambiente para todos en el comedor. La próxima vez que alguien te culpe por alguna ofensa que hayan cometido, no te defiendas, procura encontrar alguna forma creativa de resolver el asunto.

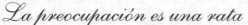

La preocupación es una rata

¿Y quién de vosotros podrá con afanarse
añadir a su estatura un codo?
Lucas 12:25

Durante la mañana, a media noche, y aun cuando no crees estar pensando en ello, ahí está aquello por lo que te preocupas. La preocupación es una fuerza destructiva que nunca ayuda a resolver problemas, sino que añade tensión y a menudo obstaculiza la facultad para hallar soluciones. ¡La ansiedad no es algo que está dentro del plan de Dios para tu vida!

En su libro, *Questions Jesus Asked (Preguntas que hizo Jesús)*, el doctor Clovis Chappell nos ofrece el siguiente ejemplo:

«*Hace muchos años, durante los días pioneros de la aviación, cierto piloto se encontraba en medio de un vuelo alrededor del mundo. Dos horas después de haber despegado de su último campo de aterrizaje, escuchó un ruido en su avión, el cual identificó como el roer de una rata. Aunque no estaba seguro, cabía la posibilidad de que la misma se hubiera estado comiendo algún cable vital o de* control del avión. La situación era muy crítica. El piloto estaba bastante preocupado y ansioso. Al principio, no supo qué hacer. Se encontraba a dos horas de su último campo de aterrizaje, y a más de dos horas del próximo.

»Entonces recordó que la rata es un roedor, y que no fue diseñada para las alturas, sino para vivir en tierra y bajo tierra. Así que comenzó a ascender. Logró ascender unos mil pies de altura, y luego otros mil, y aún otro más, hasta llegar a una altura que sobrepasaba los veinte mil pies. Entonces el roer cesó. La rata había muerto. No podía sobrevivir en la atmósfera a tal altura. Pasadas las dos horas, el piloto hizo descender el avión en el próximo campo de aterrizaje, y encontró la rata muerta.

»Hermanos y hermanas en Cristo, la preocupación es un roedor. La misma no puede sobrevivir en el lugar secreto del Altísimo. No podrá respirar en la decisiva atmósfera creada por la oración y la familiaridad con la Escritura. La preocupación muere cuando ascendemos hasta el Señor por medio de la oración y Su Palabra»[18].

Pausa de oración

Susténtame conforme a tu palabra, y viviré.
Salmos 119:116

¡Un buen tiempo para orar es cuando hacemos una pausa para tomar una buena taza de café!

Cuando oramos al comienzo del nuestro día, a menudo nuestra oración tiene que ver con pedir dirección general y solicitar la ayuda del Señor. Cuando lo hacemos en medio del día, nuestra plegaria suele ser más específica y enfocada en las necesidades y preocupaciones inmediatas. Una vez llegada la hora de beber una tacita de café, ya tenemos una idea más definida del tipo de día que nos espera, ¡incluyendo los peligros, las dificultades o las tentaciones específicas a las cuales nos hemos de enfrentar! Es con este conocimiento que brota de la experiencia, que la siguiente oración de San Patricio cobra un significado aun mayor:

> *Que la sabiduría de Dios me instruya,*
> *y que el ojo de Dios vele sobre mí,*
> *que su oído me escuche,*

que Su palabra me conceda el hablar con dulzura,
que la mano de Dios me defienda,
y que el camino de Dios me guíe.

Que Cristo sea conmigo.
Cristo antes que yo.
Cristo en mí.
Cristo debajo de mí.
Cristo sobre mí.
Cristo a mi diestra.
Cristo a mi siniestra.
Cristo a este lado.
Cristo en el otro.
Cristo en la cabeza de todo aquel con quien hable.
Cristo en la boca de cada persona que se dirija a mí.
Cristo en el ojo de cada persona que me mira.
Cristo en el oído de todos los que hoy me escuchan.
Amén[19].

Separa tiempo en medio de este día, para pedirle al Señor que su presencia te envuelva por completo, que no falte Su interminable aliento, y Su ayuda que todo lo sustenta. Entonces, conviértete en el vehículo que transporta Su presencia, su aliento y su ayuda hacia los demás.

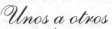

Unos a otros

Amémonos unos a otros.
1 Juan 4:7

La Biblia tiene mucho que decir sobre cómo debemos relacionarnos con las demás personas. Durante tu hora de descanso, medita en los siguientes versos bíblicos, y luego pídele a Dios que te ayude a mostrar a otros, el amor que Él tiene por ellos.

- Lleven los unos las cargas de los otros, y cumplan así la ley de Cristo (Gálatas 6:2).

- Sométanse unos a otros (Efesios 5:21).

- Alentaos los unos a los otros (1 Tesalonicenses 4:18).

- Y considerémonos unos a otros para estimularnos al amor y a las buenas obras... exhortándoos (Hebreos 10:24-25).

- Hospédense unos a otros (1Pedro 4:9).

- Cada uno según el don que ha recibido de Dios, minístrelo a los otros (1Pedro 4:10).

- Confiesen sus ofensas unos a otros (Santiago 5:16).

- Vivan en armonía unos con otros (Romanos 12:16, 15:5; Colosenses 3:15).

- Ya no se juzguen unos a otros (Romanos 14:13).

- Edifíquense unos a otros (Romanos 14:19; 1Tesalonicenses 3:12-13; Efesios 4:15-16).

- Acéptense unos a otros (Romanos 15:7).

- Amonéstense e instrúyanse unos a otros (Romanos 15:14; Colosenses 3:16).

- Sírvanse unos a otros (Gálatas 5:13; Juan 13:14).

- Sopórtense unos a otros (Efesios 4:2; Colosenses 3:13).

- Hablen la verdad unos con otros (Efesios 4:25).

- Sean bondadosos unos con otros (Efesios 4:32).

- Perdónense unos a otros (Efesios 4:32; Colosenses 3:13).

«*Dios Todopoderoso, has ligado nuestras vidas de tal forma, que todo lo que hacemos afecta a otros, para bien o para mal: por lo tanto, guíanos en lo que hacemos, para que no lo hagamos por egoísmo, sino por el bien común; y, al procurar lo que esperamos recibir como fruto de nuestra labor, permite que seamos conscientes de las debidas aspiraciones de los demás obreros, y despierta en nosotros el interés por aquellos que no tienen trabajo; en el nombre de Jesús, nuestro Señor, quien vive y reina contigo y el Espíritu Santo, un Dios, por la eternidad*».
Anónimo[20].

❦ ❦ ❦ ❦ ❦ ❦ ❦ ❦ ❦

Actitud positiva: ¡Sí puedo!

Y Jesús le dijo: Ninguno que poniendo sus manos en
el arado mira hacia atrás, es apto para el reino de Dios.
Lucas 9:62

Walter E. Isenhour escribió un brillante poema, publicado hace muchos años en *The Wesleyan Youth (El joven wesleyano)*. Aunque en su origen fue escrito para jóvenes adolescentes, su mensaje, sin embargo, es eterno, para todas las edades y circunstancias.

Cuidado con los «Sí puedo» y los «No puedo»

Si valiosos planes deseas tener
Tus sí puedo y no puedo, debes vigilar;
Apuntar hacia abajo no puedes,
para luego a lo alto ascender;
Si no lo intentas, nunca habrás de triunfar;
No puedes comenzar mal y terminar bien;
No puedes amar el pecado y andar en la luz;
No puedes desperdiciar tiempo y recursos
Y vivir con sublimidad. una y otra vez.

Alcanzarás el éxito, si amas el bien
Y si cumples la voluntad de Dios, como todo
hombre debe hacer.
El camino de la vida que lleva a la cima, podrás
ascender.

Aunque soportes una pesada carga;
Puedes ser honesto, veraz y definido,
Apartándote de lo malo y vergonzoso;
Puedes edificar el alma de los hombres
Con hechos y palabras, o con tu pluma.
Así que, cuidado con los «Sí puedo»,
cuidado con los «No puedo».
Y sé cauteloso en tu andar, y donde te detienes,
Y cuida como hablas y te comportas,
Y no aceptes lo falso como un hecho;
Y considera las cosas que corrompen o edifican;
Porque es exitosa la vida para cada hombre
Que vive para hacer lo mejor que puede[21].

Mientras transcurre el día, ten presente que tu vida se
mueve en la dirección hacia donde apuntas. Un dicho
popular de estos últimos años resume esta idea en pocas
palabras: «Sea que pienses que puedes, o que no puedes...
estás en lo cierto». Procura desarrollar en el día de hoy la
actitud que dice «Sí puedo», y luego, proponte con todas
tus fuerzas transitar el camino de la excelencia.

Permanece involucrado

Confía en el Señor y haz el bien.
Salmos 37:3 *(LBLA)*

Sabes que es un mal día cuando... tu hermana gemela se olvida de tu cumpleaños; el cheque que recibes del gobierno como reembolso por impuestos pagados, no tiene fondos; colocas ambos lentes de contacto en el mismo ojo o despiertas en una cama en el hospital, y tu agente de seguro médico te informa que tu póliza por accidentes cubre cualquier caída de un techo, pero no el chocar contra el suelo.

¿Cómo poder recuperarnos de ocasiones como estas, cuando todo parece ir de mal en peor? ¿Qué actitud tomar cuando las cosas sólo parecen empeorar?

En tiempos como los descritos, somos tentados a enfocarnos en nosotros mismos y en los implacables problemas. Sin embargo, lo mejor que podemos hacer es precisamente lo opuesto: involucrarnos con otras personas.

El comediante George Burns dijo que la clave de la felicidad radica en ayudar a los demás. «Si le preguntas a las personas qué los haría feliz, recibirás respuestas tales como un auto nuevo, una casa mejor, un aumento de salario, ganar un premio de la lotería, cirugía plástica del rostro, más hijos, menos hijos, visitar un restaurante nuevo, etc. Es muy probable que ni una de cien personas dé como respuesta: La oportunidad de ayudar al prójimo. Sin embargo, es esto lo que podría traernos la mayor felicidad.

«No conozco al doctor Jonas Salk, pero después de lo que ha hecho en nuestro beneficio con su vacuna contra la poliomelitis, si aún no es feliz, entonces debería pedir que su brillante cerebro sea examinado. Por supuesto, no todos podemos hacer lo que él hizo. Yo mismo estoy consciente de no tener esa posibilidad; pero sólo porque él se me adelantó.

»Pero el asunto es que no tiene que ser algo tan extraordinario como la vacuna contra la poliomelitis. Podría ser, por ejemplo, dedicarle tiempo a una causa digna, desempeñar algún servicio necesario, o tan sólo hacer algo por ayudar a otro ser humano»[22].

¿Qué podemos hacer para ayudar a otros? Una sonrisa, o un favor inesperado a un compañero de trabajo que se encuentre bajo mucha tensión. Una simple nota de gratitud, o una tarjeta en la cual expresas a un amigo que a pesar de la distancia, siempre lo recuerdas. Un ramo de flores para la secretaria sin una aparente razón especial, excepto demostrarle que aprecias su trabajo. Activa tu imaginación y creatividad al expresar tales actos de bondad. En esos días no muy placenteros, cuando nada parece funcionar bien... ¡*tú* puedes contribuir haciendo algo «excepcional»!

¡Dios lo sabe!

Pues aun vuestros cabellos están todos contados.
Mateo 10:30

¿Alguna vez te has preguntado si a Dios se le habrá perdido tu dirección? ¿O será que no te encuentra entre tanta gente, o que se ha olvidado de ti? La Palabra de Dios responde a tal pensamiento con un resonante, «¡De ninguna manera!»

Jesús le enseñó a sus seguidores: «¿No se venden dos pajarillos por un cuarto? Con todo ni uno de ellos cae a tierra sin (el consentimiento) vuestro Padre... Así que, no temáis; más valéis vosotros que muchos pajarillos» (Mateo 10:29, 31).

El salmista también descubrió el completo y profundo conocimiento que tiene Dios de nosotros. Lee las siguientes palabras del Salmo 139, y anímate. El Señor no tan sólo te conoce, él también sabe con precisión lo que te acontece y a lo que te enfrentas en este mismo momento. Aun cuando no estés *consciente* de Su presencia, puedes descansar confiado de que Él está a tu lado:

«Oh SEÑOR, tú me has escudriñado y conocido. Tú conoces mi sentarme y mi levantarme; desde lejos comprendes mis pensamientos. Tú escudriñas mi senda y mi descanso, y conoces bien todos mis caminos. Aun antes de que haya palabra en mi boca, he aquí, oh SEÑOR, tú ya la sabes toda. Por detrás y por delante me has cercado, y tu mano pusiste sobre mí.

Tal conocimiento es demasiado maravilloso para mí; es muy elevado, no lo puedo alcanzar.

¿Adónde me iré de tu Espíritu o adónde huiré de tu presencia?...

Tus ojos vieron mi embrión, y en tu libro se escribieron todos los días que me fueron dados, cuando no existía ni uno solo de ellos.

¡Cuán preciosos también son para mí, oh Dios, tus pensamientos! ¡Cuán inmensa es la suma de ellos! Si los contara, serían más que la arena; al despertar aún estoy contigo».

Salmos 139:1-7, 16-18
(LBLA)

Acepta sustitutos

*Y a Aquel que es poderoso para hacer todas las cosas mucho
más abundantemente de lo que pedimos o entendemos,
según el poder que actúa en nosotros.*
Efesios 3:20

Una dama recién casada se mudó a un pequeño pueblo
en el estado de Wyoming. Las tiendas de ropa escaseaban,
y su atareada vida en el rancho no le permitía hacer
largos viajes para ir de compras a la ciudad. Su situación
se dificultaba ante el hecho de no ser fácil encontrar una
talla que le sirviera. Para solucionar su dilema, la señora
comenzó a comprar su ropa a través del catálogo de una
tienda grande, donde podía conseguir su talla. En la
solicitud de órdenes que enviaba la tienda, se podía leer la
siguiente oración: «Si no tenemos disponible el artículo
que usted ha solicitado, ¿podríamos sustituirlo por otro?»

Como ella no hacía un pedido, a menos que necesitara
de veras el artículo en cuestión, la señora estaba indecisa
en cuanto a confiar que extraños hicieran la sustitución
adecuada, pero respondió «Sí», con la esperanza de que
no fuera necesario.

El sistema funcionó a la perfección, hasta que cierto día abrió un paquete enviado por la compañía y encontró una carta que en parte decía: «Sentimos que se nos agotara el artículo que ordenó, pero lo hemos sustituido...». Cuando desenvolvió la mercancía, encontró un artículo de calidad superior, ¡y cuyo valor era el doble de lo que había pagado!

Desde ese momento en adelante, la mujer escribió en cada una de sus órdenes y en grandes letras rojas la palabra «SÍ», al lado de la pregunta sobre sustituciones. Ella tenía la confianza de que la tienda le iba a proveer lo mejor que tuviera, con tal de suplir la orden.

Cuando oramos a Dios, somos sabios si añadimos a nuestras peticiones, el recordatorio de que estamos más que dispuestos a aceptar cualquier sustituto por lo que creemos necesitar. Podemos tener la confianza de que Dios nos enviará la respuesta perfecta porque, como nuestro Creador, Él conoce mejor que nosotros lo que necesitamos. Y debido a que Él es el único que conoce el futuro, puede ofrecer respuestas que van más allá de nuestras más altas expectativas. Cada vez que Él envía «sustitutos», podemos estar seguros de que nos hace llegar algo muchísimo mejor de lo que podamos imaginar.

¿La fuerza de quién?

Porque cuando soy débil, entonces soy fuerte.
2 Corintios 12:10

Durante la primavera, es muy divertido observar los pequeños pajarillos con coronas llenas de plumas en sus cabezas, que comienzan a abrirse paso. Se acercan a la orilla del nido, y echan un vistazo al amplio e inexplorado mundo que los rodea.

En un principio se asoman al abismo, y luego regresan a la seguridad familiar de su nido. Quizá imaginan que la fuerza de sus alas, aún sin usar, es lo único que podría salvarles de una caída mortal, ¡y reconocen cuan débiles e inexpertas son sus pequeñas alas! Sin embargo, al llegar el momento de ser empujados del nido, o desarrollar la valentía para lanzarse e intentar ese primer vuelo, experimentan que el aire los sostiene cuando extienden sus alas.

¿Con cuánta frecuencia permitimos que situaciones extrañas surjan como grandes amenazas en nuestra imaginación? A veces, cuando enfrentamos circunstancias que están fuera de nuestro conocido «nido», nos sentimos igual que un pajarito recién nacido. Consideramos nuestras debilidades, y deseamos retroceder y regresar a la seguridad.

En momentos de crisis, reales o imaginarias, ¿a qué nos ha llamado Dios? Es posible que Él esté intentando empujarnos para que salgamos del nido, «extendamos nuestras alas» y podamos así, crecer en fe.

Cuando Pedro vio a Jesús caminando sobre el Mar de Galilea, exclamó a gran voz: «Señor, si en verdad eres tú, permite que yo vaya a ti caminando sobre el agua». Jesús respondió: «Ven». Pedro salió del bote y se dirigió hacia Jesús caminando sobre el agua. Fue cuando quitó la vista de Él y se concentró en el fuerte viento, que sintió miedo y comenzó a hundirse. Entonces gritó: «¡Señor, sálvame!» Y por supuesto, ¡Jesús lo hizo!

Cuando consideras tus propios recursos, es posible que sientas que te hundes. En esta mañana, mira a Jesús, y considera Sus recursos. ¡Entonces, tendrás la valentía de aventurarte hacia terreno desconocido!

¿Cuál naturaleza?

El SEÑOR es mi pastor [para alimentar, guiar,
y protegerme], nada me faltará....ciertamente el bien y la
misericordia me seguirán todos los días de mi vida.
Salmos 23:1,6 (LBLA)

¿Cómo imaginas a Dios? Muchos lo perciben como un juez estricto, que está siempre esperando la oportunidad para precipitarse sobre quienes quebrantan sus leyes. Otros lo ven como el Supremo Poder del universo, distante y remoto; sin participación alguna en sus vidas. Existen personas que han logrado disfrutar una amorosa e íntima relación con su Padre Celestial.

El teólogo danés Sören Kierkegaard, ofrece una maravillosa descripción en la siguiente oración:

«*Padre que estás en el Cielo, cuando despierte en nuestros corazones el pensamiento de quién eres, permite que no sea como un pajarillo amedrentado que vuela en consternación, sino como el niño que despierta de su sueño, con una sonrisa celestial*».

¿Cuál naturaleza?

La imagen que tengamos de Dios, tendrá un impacto directo en nuestra forma de orar, y de tratar a los demás. Si le vemos como un Juez severo, experimentaremos la tendencia a ser más críticos y perdonar menos, aun a nosotros mismos. Nuestras oraciones, si es que tenemos la valentía para expresarlas, estarán enfocadas en su mayoría a solicitar perdón, y que nuestros enemigos reciban la pena merecida.

Si vemos a Dios distante y remoto, es probable que lo eliminemos por completo de nuestras vidas, y terminemos buscando en otros la aceptación y el amor. A la larga, experimentamos grande frustración, ya que nadie podrá ofrecernos el amor incondicional que sólo Él puede dar.

Sin embargo, si creemos en Dios como nuestro amoroso y generoso Padre celestial, es muy probable que nos comuniquemos con Él en toda circunstancia. También estaremos más dispuestos a relacionarnos con los demás y perdonar sus faltas y flaquezas.

Al final, cada aspecto de nuestras vidas, incluyendo el trabajo, será impactado por la naturaleza de nuestra relación con Dios.

¿Cómo ves tú a Dios?

¿Quién está observando?

Y os encargábamos que anduvieseis como
es digno de Dios, que os llamó a su reino y gloria.
1 Tesalonicenses 2:12

Aunque somos cristianos, debemos vivir y conducirnos en nuestros negocios igual que el resto del mundo, ¿cierto? ¡Después de todo, somos humanos como los demás!

¡Incorrecto! Una vez que aceptamos a Jesús en nuestras vidas, poseemos el poder sobrenatural del Espíritu Santo, para ayudarnos a ser y hacer más de lo que es posible al nivel humano. Aun los inconversos reconocen que aquellos que se llaman a sí mismos seguidores de Cristo, deben comportarse diferente a los que no lo son.

Consideremos por ejemplo, el siguiente relato de un hombre llamado Roy. Había sido un secuestrador y atracador por doce años, pero en el tiempo que estuvo encarcelado escuchó el mensaje del Evangelio, y le entregó su vida a Jesús: «Jesús me dijo, "Vendré y viviré en ti, y cumpliremos juntos esta sentencia". Y así lo hicimos».

Varios años después, Roy fue dejado en libertad bajo palabra. Justo antes de salir de la prisión le fue entregada una carta de dos páginas, escrita por otro prisionero, la cual decía: «Sabes muy bien que cuando llegué a la cárcel le tenía odio a los predicadores, a la Biblia y a todo lo relacionado con el cristianismo. Asistí a los estudios bíblicos y a los servicios de predicación sólo porque no había nada más interesante que hacer.

»Entonces me dijeron que eras salvo, y dije: "Ahí tenemos a otro que ha tomado el camino del Evangelio con el fin de salir bajo palabra". Pero Roy, te he estado observando por dos años y medio. Tú no lo sabías, pero reparaba en ti cuando hacías ejercicios en el patio, trabajabas en el taller, jugabas, mientras todos comíamos juntos, en el camino a las celdas y por todos lados, y ahora yo también soy creyente, porque noté tu comportamiento. El Salvador que te salvó a ti, me ha salvado a mí también. Nunca diste un paso en falso».

Roy dice: «Cuando recibí la carta y la leí, comencé a sudar frío. ¿Te imaginas lo que pudo haber sucedido de haber dado un solo paso en falso?»[23].

¿Te estará observando alguien en secreto? Un compañero de trabajo, un niño, tu jefe, o un cónyuge que necesita conocer a Jesús? Tú eres el representante de Dios ante esa persona.

De guardia

*Y dije: ¡Quién me diese alas como de
paloma! Volaría yo y descansaría.*
Salmos 55:6

Mecedoras de portal, mesas de merendar y cartas
escritas a mano, parecen ser reliquias del pasado. Los
símbolos de la veloz cultura moderna de hoy, son las
ventanillas donde se ordenan las comidas rápidas, los
juegos de computador y el correo electrónico. Y a pesar
de los cambios en nuestros símbolos culturales, en
realidad no estamos más ocupados que la pasada
generación, después de todo, nuestros días continúan
teniendo sólo veinticuatro horas.

El problema es, sin embargo, que muy pocas son las
veces que nos «desconectamos de todo». Los expertos dicen
que la tecnología de las comunicaciones proveen acceso
inmediato a cualquier persona, dondequiera que esté. El
sonar de un pequeño dispositivo de bolsillo o una llamada
por el teléfono celular, será suficiente para contactarnos.

Debido a este fenómeno, el doctor Mark Moskowitz
del Centro Médico de la Universidad de Boston hace la
siguiente observación: «Muchas personas trabajan
veinticuatro horas al día y siete días a la semana, aun

cuando en lenguaje técnico, no están en el trabajo». Esto actúa como precursor de un agotamiento de primera clase.

El ejecutivo gubernamental Roy Neel renunció al cargo que ocupaba en la Administración del presidente Clinton, y asumió una posición menos ajetreada. Él reconoció que el trabajo, «aun para el Presidente de los Estados Unidos» no valía el alto precio. Para Roy, el momento decisivo llegó, la noche en que estaba a punto de salir junto con su hijo Walter de nueve años, a un partido de pelota que había sido prometido mucho tiempo atrás. Sonó el teléfono, y era el Presidente. Walter no estaba nada impresionado por la llamada desde la Casa Blanca. Lo único que deseaba era asistir al partido con su padre. Después de la llamada que duró una hora, Roy descubrió que su hijo se había marchado para el partido con un vecino. Él hace el siguiente comentario: «La nuestra se ha convertido en una sociedad esquizofrénica. Tenemos en alta estima a las personas que anhelan establecer un balance en sus vidas, pero recompensamos a los que trabajan hasta el punto del desgaste»[24].

Cuando le preguntaron al físico Albert Einstein cuál era su fórmula para el éxito, él lo expresó de la siguiente forma: «Si A representa el éxito en la vida, entonces A es igual a x más y más z. El trabajo es x, la y es diversión, y la z es mantener la boca cerrada». «¡Qué genio!»

❦ ❦ ❦ ❦ ❦ ❦ ❦ ❦ ❦ ❦ ❦ ❦ ❦

Conoce la voluntad de Dios

Ahora, pues, si he hallado gracia en tus ojos,
te ruego que me muestres ahora tu camino.
Éxodo 33:13

Conocer la voluntad de Dios, tanto el panorama general como los detalles del diario vivir, es algo que concierne a cada creyente. A menudo todos necesitamos preguntar: *¿Qué desea Dios que haga? ¿Cómo anhela Él que yo viva?*

San Ignacio de Loyola reconoció el cumplir la voluntad de Dios, no sólo como un mandamiento en la vida, sino también como una recompensa:

> «*Enséñanos, oh buen Señor, a servirte tal y como mereces: dar sin considerar el costo; pelear sin prestar atención a las heridas; esforzarnos sin buscar el descanso; trabajar sin solicitar recompensa alguna, excepto el saber que estamos cumpliendo tu voluntad*»[25].

Es al saber que estamos cumpliendo con la voluntad de Dios, que encontramos verdadero significado en la vida, y un profundo sentir de realización y propósito. ¿Cómo podemos saber que estamos cumpliendo la voluntad de Dios? Una de las formas más simples es esta:

Primero, entrégate en pleno compromiso al Señor cada día, y con periodicidad a través de los mismos, tan sólo diciendo: «Señor, deposito mi vida en tus manos. Haz conmigo lo que desees».

Segundo, confía que el Señor ha de enviar el trabajo y las relaciones que necesitas para que Su propósito se cumpla en ti.

Como escribió en cierta ocasión la notable maestra de la Biblia, Roberta Hromas: «Es sencillo; atiende al que llama a tu puerta, contesta el teléfono y tu correspondencia. El Señor colocará en tu camino aquellas oportunidades en las que Él desea te involucres».

La voluntad de Dios no es un misterio que intentas descubrir con desesperación. Él no desea que ésta sea un secreto, porque la Biblia misma está llena de pasajes que hablan sobre conocerla. La clave se encuentra en ver su voluntad, escuchar al Espíritu Santo y leer y estudiar Su Palabra. ¡Entonces podrás conocer los planes que Él tiene para ti!

❀ ❀ ❀ ❀ ❀ ❀ ❀ ❀ ❀ ❀ ❀ ❀ ❀

Un momento de quietud

Porque así ha dicho el Señor Dios, el Santo de Israel:
En arrepentimiento y en reposo seréis salvos;
en quietud y confianza está vuestro poder.
Isaías 30:15 (LBLA)

*E*ntre los grandes asuntos de la vida, está la quietud. El silencio, caracteriza el más alto nivel en el arte y lo más profundo en la naturaleza. Es el silencio entre las notas musicales, lo que les da ritmo, interés y énfasis.

La búsqueda espiritual más certera se hace en silencio. Moisés aprendió en Madián, y Pablo en Arabia, aquellas cosas que se hubiesen escapado en las ruidosas calles de los hombres.

El silencio trasciende más allá de las palabras. Es el punto más alto en un drama. Las emociones más profundas no siempre son las expresadas en voz alta. La represión más efectiva no se adquiere con un azote de la lengua. El sentimiento de simpatía más sincero no se encuentra en las muchas palabras o en el ruido. La mejor preparación para una emergencia es la calma del sosiego.

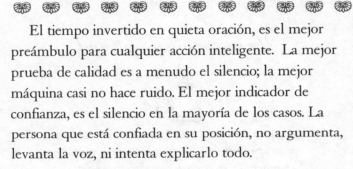

El tiempo invertido en quieta oración, es el mejor preámbulo para cualquier acción inteligente. La mejor prueba de calidad es a menudo el silencio; la mejor máquina casi no hace ruido. El mejor indicador de confianza, es el silencio en la mayoría de los casos. La persona que está confiada en su posición, no argumenta, levanta la voz, ni intenta explicarlo todo.

Los momentos de quietud se aprovechan más en medio de los días ocupados. A veces la quietud no se ofrece a sí misma; debe procurarse. En otras ocasiones, el medio ambiente no conduce al verdadero silencio. Es en momentos como esos cuando el Espíritu Santo puede, de manera sobrenatural, disminuir el volumen y permitir momentos de quieta comunión con Dios, desde lo más profundo de tu ser.

Un tiempo de descanso, con una buena taza de café, es el momento perfecto para identificar algún sitio donde puedas invertir algunos minutos y refrescarte de veras en presencia del «silbido apacible delicado» (1 Reyes 19:12).

❦ ❦ ❦ ❦ ❦ ❦ ❦ ❦ ❦ ❦

Tiempo de alabar

*Dad gracias al SEÑOR porque Él es bueno,
porque para siempre es su misericordia.*
Salmos 136:1 (LBLA)

En vez de tomar hoy un descanso para beber tu tacita de café, ¡dedícalo a alabar al Señor!

Haz una pausa en tu día para reconocer todas las formas en que Dios ha sido bueno contigo, no tanto en lo general como en lo específico. Agradécele lo que está haciendo en tu vida, en este momento, donde te encuentres.

No existe en lo absoluto algo demasiado grande o pequeño, que te haga digno de alabanza. Todas las cosas buenas que posees y experimentas, a fin de cuentas, provienen de Dios. A veces las bendiciones llegan directamente, y en otras ocasiones a través de los talentos y destrezas de otros que son inspirados o capacitados por Él. ¡Eleva tu alabanza por aquellas cosas que ves y están a tu alcance!

Tu lista de alabanza podría incluir:

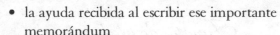
- la ayuda recibida al escribir ese importante memorándum
- una secretaria talentosa, bondadosa y eficaz
- la invención de sujetapapeles y engrapadoras
- una ventana a través de la cual puedes observar el mundo
- una aspiradora
- horno microondas
- zapatos
- árboles a punto de florecer
- acceso inmediato a información vital
- mecánicos de computadoras
- una máquina copiadora que nunca falla
- el cartero que llegó cinco minutos atrasados, y eso te proporcionó tiempo para buscar un sello postal
- una entrevista cordial
- colegas dispuestos
- alfombras, y chicos que no olvidan usarlas
- un pastel que sobrevivió el golpe de una puerta
- una llamada telefónica efectuada
- corrector de palabras
- buena salud
- trabajo que satisface
- una familia amorosa y buenos amigos

Mira a tu alrededor, hacia arriba, hacia abajo. ¡Siempre habrá motivos para estar agradecidos!

Cúbrete

Con sus plumas te cubrirá, y debajo de sus alas
estarás seguro; escudo y adarga es su verdad.
Salmos 91:4

*R*ecuperarse de una desilusión, pérdida o alguna
situación irritante, puede requerir cierto tiempo. Cuando
estás lastimado, lo que necesitas es dedicar un breve
tiempo a sanar tus heridas, recuperarte, y volver a
enfrentarte al mundo.

¿No sería bueno si aquel dicho que aprendimos siendo
niños se hiciera realidad en nuestras vidas hoy: «Yo soy
goma y tú pegamento. Todo lo que digas de mí rebota y
a ti se pega?» Qué gran alivio, si las palabras dichas en ira,
las miradas que expresan malos deseos y las acciones
crueles, no tuviesen el poder para hacernos daño.

La mayoría de nosotros posee sartenes de freír
cubiertos con teflón, porque a los mismos no se les pegan
los alimentos. Los científicos de la compañía Dow
Chemical acaban de inventar lo que podría considerarse
como la próxima generación de teflón: una fórmula de
fluorocarbono, que puede ser rociada o aplicada con

brocha sobre una superficie. Se ha sugerido que la misma sea utilizada para repeler la pintura empleada por los jóvenes en las paredes de los túneles subterráneos, para evitar el caracolillo que se adhiere a los barcos, la suciedad en la paredes empapeladas y el hielo en los aviones. En realidad, dicha sustancia funciona a la vez adhesivo y repelente. Su «base» se adhiere a cualquier cosa sobre la que se aplique, pero su «superficie» repele la humedad.

Esto se asemeja un poco a estar en el mundo, sin pertenecer a él. Jesús oró por sus discípulos de la siguiente forma en Juan 17:15-16: «No te ruego que los quites del mundo, sino que los guardes del mal. No son del mundo, como tampoco yo soy del mundo», y en el verso 18 dijo: «Como tú me enviaste, así yo los he enviado al mundo».

A lo largo de la vida vamos a tener contacto con muchos pensamientos negativos, pero no tenemos que absorberlos ni permitir que formen parte de nuestro ser. Con la ayuda del Espíritu Santo, podemos permanecer adheridos a Dios. Entonces, Su presencia y poder en nuestras vidas, no permitirá que seamos revestidos con algo que pretenda destruirnos.

Administración trivial

*Despojémonos también de todo peso
y del pecado que tan fácilmente nos envuelve.*
Hebreos 12:1 (LBLA)

*E*l rector de cierta universidad se lamentó ante un colega diciendo: —Hoy no ha sido el mejor de los días.

—¿Qué sucedió? —le preguntó el colega.

Y él dijo: —Nada grave. Sólo que me he sentido atascado en los asuntos administrativos triviales.

Algunos días son así. Sentimos que somos tragados en la ejecución de pequeñas, pero necesarias rutinas. Por regla general, los deberes administrativos se desempeñan por el bien de la familia, de la organización o de la institución, pero muy rara vez con un verdadero sentir de satisfacción personal.

El autor Henry David Thoreau ofreció el siguiente consejo a aquellos que parecen ser consumidos por los asuntos triviales:

« *N*uestra vida se disipa en los detalles... *Yo digo, deja que tus asuntos sean como dos o tres, y no cien o mil; en* *vez de un millón, cuenta una docena, y mantén tus cuentas en la uña del pulgar... Simplifica, simplifica. En vez de tres comidas al día, y de ser necesario, come sólo una; en vez de cien platos, cinco; y reduce las demás cosas en proporción.*

»Vivamos cada día con la misma calma de la Naturaleza, sin permitir ser distraídos por cada cáscara de nuez y ala de mosquito que se atraviese»[26].

Quizá no podamos reducir todas nuestras tareas u obligaciones a «dos o tres», pero lo que sí podemos es asegurarnos de incluir en cada día dos o tres cosas que tengan verdadero significado. Cumplir con ellas hará que los asuntos triviales o las tareas difíciles sean más tolerables, y al final, nos proporcionará un abundante sentir de satisfacción.

Historia de un papalote

Porque de la manera que en un cuerpo tenemos muchos miembros, pero no todos los miembros tienen la misma función.
Romanos 12:4

Durante el tiempo del «sermón a los niños» en el servicio dominical, un pastor reunió a todos los pequeños a su alrededor y les relató la siguiente historia:

Un día de mucho viento, durante el mes de marzo, el alcalde del pueblo caminaba por el parque, y allí vio a un chico volando el papalote más gigantesco y hermoso jamás visto por él. Se remontaba tan alto y flotaba con tal ligereza, que el alcalde estaba seguro que podía ser visto desde el pueblo adyacente. Como el diminuto pueblo no tenía muchas cosas a su favor, que lo hicieran resaltar, el alcalde decidió otorgarle «la llave de la ciudad», a la persona responsable por tal espectáculo en lo alto.

—¿Quién es responsable por echar a volar este papalote? —preguntó el alcalde.

—Yo —dijo el niño—. Lo hice con mis propias manos. Fui yo quien pintó las hermosas láminas y lo confeccioné con retazos que encontré en el taller de mi padre. Soy yo quien vuela el papalote —declaró el chico.

—Soy yo —dijo el viento—. Es mi deseo el que lo mantiene en lo alto, y decide en qué dirección irá. A menos que yo sople, el papalote no podrá volar. Soy yo quien lo vuela —dijo el viento entre arrullos.

—De ninguna manera —exclamó el rabo del papalote—. Soy yo quien lo hace volar y le doy estabilidad ante los caprichos del viento. Sin mí, perdería el control, y ni aun el chico podría impedir que cayera a tierra. Soy yo quien vuela el papalote —declaró el rabo.

—¿Quién entonces vuela el papalote? —preguntó el pastor.

—¡Todos lo hacen volar! —dijeron varios chicos al unísono. ¡Chicos inteligentes!

A veces los adultos no son tan inteligentes. En medio del atareado día de negocios, es fácil olvidar que el jefe o líder de equipo no es nada más que eso, el líder del equipo. Cada miembro es importante en la tarea de mantener los proyectos al día y cumplir las metas.

Dedica unos breves momentos y medita en los compañeros de trabajo que te rodean. Considera la siguiente pregunta: «¿Cómo se afectaría el progreso en mi trabajo si la posición de tal persona no existiera?» La próxima vez que pases por su área de trabajo, ¡hazles saber que agradeces, que formen parte del equipo!

Esperanza inalterable

No temerá recibir malas noticias;
su corazón está firme, confiado en el SEÑOR.
Salmos 112:7 (LBLA)

$\mathcal{N}$adie sabe con certeza, cuándo se usaron por primera vez los barcos como vehículos de transporte. La primera evidencia que tenemos de este tipo de navegación es en Egipto, alrededor del tercer milenio a.C. Desde entonces, las naves han cambiado en forma considerable.

Hoy día, los barcos de pasajeros y de carga no tienen remos, velas o mástil. Las naves modernas poseen todas las comodidades de un gran hotel de lujo, cocina «gourmet», una impresionante serie de espectáculos y diversiones, recreo, ¡y hasta piscinas! Sin embargo, una cosa ha permanecido igual, para asombro de todos: el ancla. Excepto por la variedad de tamaños, el ancla del barco en que viajó Pablo en el primer siglo, y la del buque Queen Elizabeth II del siglo XX, son muy parecidas.

Lo mismo podríamos decir de la vida humana. La tecnología ha producido asombrosos cambios en casi todas las áreas de nuestra existencia. Y a pesar de todo, las personas continúan siendo seres humanos. Experimentamos las mismas luchas, tentaciones, gozos, esperanzas y tristezas que nuestros ancestros, y aun nuestras almas necesitan un ancla.

Cuando el apóstol Pablo y sus acompañantes naufragaron en la costa de Malta, dejaron caer cuatro anclas, las cuales impidieron que el barco se estrellara contra las rocas. El escritor de Hebreos nos dice que tenemos un ancla que nos ayudará a evitar el naufragio: nuestra esperanza en Jesucristo.

Jesús nos mantiene protegidos y seguros en medio de las tormentas e incertidumbres. No importa lo que enfrentemos, por ser Jesús el Señor de nuestras vidas, tenemos esperanza... esperanza para el futuro, para ser sanados, para alcanzar el éxito, para ser libres, para ayudar al prójimo.

¡Así como ningún marinero experimentado saldría a navegar sin un ancla, tampoco nosotros debemos ir a ningún sitio sin Jesús![27].

Bueno, mejor, máximo

He puesto ante ti la vida y la muerte, la bendición y la
maldición. Escoge, pues, la vida, para que vivas tú y tu
descendencia; amando al Señor tu Dios, escuchando
su voz, y allegándote a Él; porque eso es tu vida.
Deuteronomio 30:19-20 (LBLA)

Como niños, nos desesperamos por crecer y terminar los estudios. Al cumplir los veinte, andamos apresurados de un lado a otro buscando trabajo, e intentando decidir cuál oficio y carrera nos conviene. Al llegar a los treinta, luchamos por mantener el balance entre el hogar y el trabajo.

En la década de los cuarenta, algunos de nosotros enfrentamos el nido vacío y empleamos nuestro tiempo para redescubrir antiguas pasiones, o intentar nuevas actividades que nos desafíen. En los años cincuenta, hacemos un último intento para prepararnos para el inevitable retiro. Movimiento, movimiento, movimiento.

Y entonces, cierto día, la pesada rutina diaria concluye de repente, y nos enfrentamos a una decisión: vegetamos o nos mantenemos en movimiento.

Si somos afortunados como Richard Wesley Hamming, no tendríamos que pensar en cómo ocupar nuestro tiempo. A finales de la década del 1940, Hamming escribió los códigos conocidos como Códigos Hamming. Los mismos le permiten a los computadores corregir sus propios errores. En los últimos veinte años, él ha estado «educando almirantes» en la escuela Naval, en todo lo relacionado con las ciencias de computación.

Hamming, quien tiene ochenta y un años de edad en la actualidad, admite que mientras más envejece, más difícil es para él mantenerse entusiasmado, pero no se rinde, ¡y tú tampoco debes hacerlo!

No siempre podemos depender de otros para sentir inspiración, entonces, ¿cómo logramos mantener nuestro entusiasmo por la vida? Contesta la siguiente pregunta: ¿Crees que será difícil mantenerse inspirado en el cielo? ¡De ninguna manera! Allí no habrá enfermedades, nuestra energía no tendrá límites, y estaremos en un ambiente de paz, amor y gozo. La buena noticia es que Jesús nos dijo que no tenemos que esperar por el reino de los cielos; ya está en nosotros (ver Lucas 17:20-21).

¡En este día, cuando las cosas se tornen difíciles, mira dentro de ti y trae un poquito de cielo a la tierra!

❀ ❀ ❀ ❀ ❀ ❀ ❀ ❀ ❀ ❀

El Jordán

He aquí que para justicia reinará un rey,
y príncipes presidirán en juicio.
Y serán... como arroyos de aguas en tierra de sequedad.
Isaías 32:1-2

El Río Jordán es uno de los principales puntos de interés en el Medio Oriente. Aparece mencionado en la Biblia cerca de doscientas veces.

Hay tres interesantes hechos sobre el Río Jordán, que se relacionan con nuestras vidas en forma espiritual. Primero, el río cubre aproximadamente un área de sesenta y cinco millas desde el Mar de Galilea hasta el Mar Muerto, ¡pero el río como tal serpentea tantas veces, que en realidad mide doscientas millas de largo! Es rara la vez que logramos en nuestras vidas un «tiro directo», desde el fracaso al éxito. Más bien, lo que encontramos en el camino son muchos desvíos y curvas.

Segundo, el río desciende en altitud de manera significativa, más de seiscientos pies, lo cual genera numerosos rápidos a lo largo de lo que por lo general, es un río calmado. Lo mismo sucede con nosotros. Nos movemos a un paso constante, pero de vez en cuando, en nosotros ocurre cierto crecimiento, y enfrentamos algunas corrientes rápidas.

Tercero, las Escrituras nos dicen que muchos milagros ocurrieron en, o alrededor del Río Jordán. Una pesada cabeza de hacha flotó en su superficie, los hijos de Israel lo cruzaron de la misma forma como atravesaron el Mar Rojo, Naamán fue curado de lepra al zambullirse siete veces en él, Elías fue trasladado a los cielos después de haberlo cruzado, y Jesús fue bautizado en él.

Sin embargo, lo que el Jordán ha hecho por miles de años es proveer el agua que da vida a las personas, animales, y a las granjas que existen a lo largo de sus riberas. Sus aguas han convertido el Valle del Río Jordán, en uno de los lugares más fructíferos del mundo. Este es el milagro diario del Jordán.

En la medida que experimentas cambios en el paso y dirección de tu vida, con uno u otro milagro de vez en cuando, no olvides tu milagro diario, llevarle el Agua de Vida que ofrece Dios, el Evangelio de su Hijo Jesucristo, a aquellos que están a tu alrededor.

¡Oh, qué amigo!

Os he llamado amigos.
Juan 15:15

¡Oh qué amigo nos es Cristo!
Él llevó nuestro dolor,
Y nos manda que llevemos
Todo a Dios en oración.
¿Vive el hombre desprovisto
de paz, gozo y santo amor?
Esto es porque no llevamos
Todo a Dios en oración.

Joseph Scriven, el escritor del himno «¡Oh, qué amigo nos es Cristo!», vivió una vida llena de grandes tristezas. Uno o dos días antes de la boda, su novia se ahogó. Esta tragedia lo llevó a un estado de melancolía tan profundo, que permaneció con él el resto de sus días.

A pesar de su abatido temperamento, el poder y la presencia de Dios eran evidente en la vida de Scriven. Fue un filántropo y cristiano devoto. Se le conocía como «el hombre que cortaba madera para las viudas pobres y los enfermos que no tenían los medios para pagar». Para otras personas, Scriven *era* el amigo que habían encontrado en Jesús.

Scriven escribió este himno para consolar a su madre en un momento de tristeza. Nunca fue su intención que alguien más lo viera, pero un vecino descubrió el manuscrito. Cuando le preguntaron si él lo había escrito, Scriven dijo: «El Señor y yo lo hicimos juntos»[28].

Invierte tu tiempo de descanso hoy con tu mejor amigo, Jesús. Él no murió por ti para que te enfrentes solo a las luchas, o que lleves sobre tus hombros las pesadas cargas. Se dio a sí mismo, para que tú y Él entablaran una amistad, y los amigos siempre están dispuestos a ayudarse unos a otros.

¡Para hallar el consuelo, sólo tienes que compartir tu necesidad en oración con el Señor Jesús!

Todo lo que sea justo

¡Ay de los que dictan leyes injustas, y prescriben tiranía,
para apartar del juicio a los pobres, y quitar
el derecho a los afligidos de mi pueblo!
Isaías 10:1-2

Es muy satisfactorio tener una carrera que ponga a prueba nuestra inteligencia y nos permita utilizar al máximo la creatividad. Y mejor que esto es tener una «misión» en la vida, que nos brinde la oportunidad de servir a otras personas.

George F.R. Ellis es un reconocido cosmólogo. En su trabajo «regular», él evalúa y crea teorías respecto al origen y estructura del universo. Su «llamado», sin embargo, es identificar y eliminar la injusticia dondequiera que la encuentre.

Durante su niñez en Johannesburgo, Sudáfrica, Ellis presenció muchas injusticias. Su padre perdió su empleo en un periódico, por criticar al gobierno. Su madre, ayudó a fundar un grupo de mujeres blancas votantes, quienes combatieron contra la separación racial por cuarenta años.

Cuando Ellis se marchó de su hogar para ir a estudiar en la Universidad de Cambridge, se unió a Society of Friends (Sociedad de amigos), los Quakers, y abrazó sus métodos racionales no-violentos. Regresó a Sudáfrica para enseñar, y hacer todo lo posible por llevar a un fin la discriminación racial.

Lo primero que Ellis hizo fue colectar dinero con el fin de establecer un orfanato y un programa de distribución de leche. Creó un plan básico de vivienda para los necesitados, el cual fue rechazado al inicio por el gobierno, pero adoptado con posterioridad.

Después, reunió y publicó evidencias sobre la «guerra no declarada» del gobierno contra los negros. Este esfuerzo no le hizo ganador de ningún premio de popularidad. Muchos blancos en Sudáfrica pensaron que Ellis estaba loco por arriesgar su vida de tal forma, pero él decía que sólo hacía lo correcto.

El estadista y pensador político Edmund Burke, dijo en cierta ocasión: «Lo único necesario para que triunfe el mal, es que los hombres buenos decidan hacer nada». Al igual que George F.R. Ellis, cuando nos apropiamos en lo personal de ideas como estas, nos colocamos en la posición de convertirnos en individuos transformadores del mundo»[29].

Vivir la vida

Renovaos en el espíritu de vuestra mente.
Efesios 4:23

Sin duda alguna, todos estamos de acuerdo con el sentimiento que expresa: «La vida es mucho más que las cosas que poseemos». Sin embargo, pasamos gran parte de nuestra existencia adquiriendo, manteniendo y deshaciéndonos de bienes materiales. También es cierto que no podemos disfrutar lo más básico en cuanto a alimentos, vivienda y vestido sin prestarle atención a los mismos.

Sin embargo, aquello que en verdad es importante, es lo que no puede percibirse con los sentidos físicos, adquirirse con dinero o colocarse en un estante. Cuando consideramos las cosas de más valor en nuestra vida, por regla general encontramos que la familia, amigos, salud, paz, contentamiento, la risa y el ayudar a los demás y la comunión con el Señor, ocupan los lugares delanteros en nuestra lista de prioridades.

De acuerdo al consejo de Sidney Lovett, una de las mejores formas de conseguir las cosas «gratis» en la vida es:

«Da lo mejor que hayas recibido del pasado, a lo mejor que llegues a conocer en el futuro.

»Acepta la vida diaria no como una taza que necesita ser vaciada, sino como una copa que debe ser llenada con todo lo que sea honesto, puro, bondadoso y de buen nombre. La tarea de ganarse la vida en un empleo, es mejor desempeñada si se tiene como parte del negocio principal que es vivir la vida.

»De vez en cuando, vuelve y observa algo que no haya sido creado por el hombre, una montaña, una estrella, el giro de un arroyo. Podrás experimentar sabiduría, paciencia, consuelo, y sobre todo, la certeza de que no estás solo en el mundo»[30].

Mientras dedicas este tiempo a solas con el Señor, medita en los «intangibles» de la vida. Toma unos minutos para mirar hacia afuera por tu ventana o para sentarte en un jardín, ¡y emprende el importantísimo negocio de vivir la vida!

Ni por diez centavos

Porque nada hay encubierto,
que no haya de descubrirse.
Lucas 12:2

Se cuenta la historia de un joven, que fue invitado a predicar en una iglesia en la ciudad de Nashville, Tennessee. Dejándose llevar por un impulso, decidió usar como base durante su exposición, el texto bíblico «No robarás».

Al día siguiente el joven abordó uno de los autobuses de la ciudad, y le entregó al chofer un billete de un dólar. El chofer le devolvió el cambio, y el joven se movió hasta el final del ómnibus y allí permaneció de pie por no haber asientos disponibles.

Cuando pudo mantener el equilibrio, contó el cambio. El chofer le había devuelto diez centavos más de lo debido. Su pensamiento inicial fue: *Para la compañía de autobuses diez centavos es una insignificancia.*

El ómnibus se detuvo otra vez, y el angosto pasillo que separaba al joven del chofer se llenó de pasajeros.

Fue entonces cuando reconoció, que no podía quedarse con un dinero que no le pertenecía.

Después de una media docenas de «con su permiso» y varias miradas serias, logró abrirse paso hasta el frente del ómnibus y le dijo al chofer: «Me diste más cambio del debido».

El chofer le respondió: «Sí, te di diez centavos de más. Y lo hice a propósito. Sabes, ayer escuché tu sermón, y te estuve observando en el espejo retrovisor mientras contabas el cambio. De haberte quedado con el dinero, yo nunca podría volver a confiar en la predicación».

Imagínate el resultado si este joven hubiera pensado que no valía la pena molestar a los pasajeros por tan sólo diez centavos de honestidad.

Nuestra influencia es como una sombra; es posible que caiga en lugares donde pensamos que nunca hemos estado. También necesitamos reconocer que no hay tal cosa como tomarnos un «descanso» o unas «vacaciones», cuando se trata de obedecer los mandamientos del Señor, o de ser fieles a nuestra propia conciencia.

¡Permanece en la ruta que te indica con certeza lo correcto!

Indicadores de dirección

Cuando mi espíritu se angustiaba dentro de mí,
tú conociste mi senda.
Salmos 142:3

Una noche muy oscura, un hombre viajaba por un desolado camino, hacia un lugar que había visitado con anterioridad, pero sólo en una ocasión. Mientras manejaba, comenzó a sentirse intranquilo, pensó que quizá se había desviado, una o dos millas atrás.

Condujo una milla tras otra. En varias ocasiones disminuía la velocidad, abrumado por la indecisión. ¿Debía regresar a la intersección anterior, que ahora estaba unas diez millas en dirección contraria? Si estaba equivocado, regresar le tomaría unos veinte o treinta minutos adicionales, y apenas tenía el tiempo justo para llegar.

Continuó su camino muy despacio. La tensión se acumulaba en su cuerpo; sus manos se aferraban al timón, y un nudo de tensión comenzó a latir entre sus hombros.

Surgió en él un pensamiento: «Aun si fuera un error, debo regresar, sólo para estar seguro».

Cuando estaba a punto de regresar, las luces delanteras del auto iluminaron un marcador blanco en la distancia. El hombre aumentó la velocidad y pronto pudo ver el familiar escudo blanco característico de las carreteras en los Estados Unidos. El número ochenta y dos, podía verse con claridad, y éste era el camino que debía tomar. El hombre continuó su viaje confiado.

A veces, en las noches oscuras de nuestro viaje por esta vida, nos desviamos de la ruta o no leemos bien un indicador. Reconociendo nuestra indecisión, Dios nos ofrece con frecuencia letreros alentadores, para ayudarnos a restablecer nuestra dirección y confianza.

Si hoy te encuentras confundido y sin dirección, Dios ha colocado brillantes indicadores en tu camino: la cruz y la tumba vacía de Jesucristo. En ellos podrás apreciar los inmensos marcadores de Su amor, y podrás continuar confiado a plenitud, por el camino que Él ha trazado para ti.

De lo que tengo, te doy

Que avives el fuego del don de Dios que está en ti.
2 Timoteo 1:6

Por lo general, el vocablo talento evoca imágenes de grandes músicos, actores y artistas. Sin embargo, cuando pensamos en éste, en un sentido tan limitado, nos sentimos carentes del mismo si es que no hemos sido dotados de habilidades, en alguna de estas áreas. Lo cierto es que, los talentos abundan en variadas formas y tamaños, así como los seres humanos y a cada uno de nosotros Dios nos ha dado uno o más.

¿Cuáles son algunos de estos talentos «no tan obvios»? Uno de ellos es la compasión. ¿Sientes bondad hacia alguien que esté experimentando una situación difícil? ¡Entonces, has recibido un talento! Utilízalo para escribir una carta de aliento a alguna persona que esté padeciendo cualquier necesidad. ¿Te gusta planificar sorpresas a personas que de otra forma se sentirían abandonadas u olvidadas? ¡Entonces te encuentras entre el grupo de los talentosos! No entierres esa habilidad, úsala para llevar gozo a la vida de otro ser humano.

Quizá tengas el talento de ver algo bueno en cada individuo. Este es uno, que cada creyente necesita cultivar. Afirma lo bueno que ves en alguien, y luego comparte las «buenas noticias» sobre su persona. Por lo general, son los demás quienes ven y hacen que salga a relucir lo bueno en un individuo. Es posible que veas el talento que una persona posee, ¡y que ella misma no se haya percatado de ello!

¿Posees un espíritu calmado en medio de la calamidad? ¿Tienes la habilidad de pensar con claridad cuando estás rodeado de confusión? Entonces te encuentras entre el grupo de los talentosos, y tu talento es muy cotizado.

Esa fue la habilidad que demostró Jesús cuando permaneció dormido en la barca, en medio de una tormenta. Él no perdió de vista Su propósito cuando tuvo que enfrentar la furiosa multitud, ni aun la muerte en la cruz.

¿Tienes un vaso de agua fría para ofrecerle a otra persona? Entonces, tienes un talento. Úsalo en el nombre de Jesús y para Gloria de Dios.

Y ahora, piensa otra vez. ¿Qué talentos posees?

Asciende suave y despacio

Enséñanos de tal modo a contar nuestros días,
que traigamos al corazón sabiduría.
Salmos 90:12

El buceo es un deporte que cada año aumenta en popularidad. Sin embargo, aquellos que lo adoptan, deben estar conscientes de los peligros que esto representa.

Una de las principales amenazas, es la enfermedad de descompresión, o «torceduras». Cuando los buzos están bajo agua, respiran aire comprimido, cuya presión es igual a la del agua que los rodea. Si permanece mucho tiempo bajo agua y desciende a lo profundo, su cuerpo absorbe una gran cantidad de gas comprimido. Si luego asciende demasiado rápido, su cuerpo no puede deshacerse de los gases adicionales (lo cual es un proceso lento), y como resultado se forman burbujas en los tejidos de su cuerpo.

Cuando las burbujas se forman en el cerebro, espina dorsal o en los nervios fuera del sistema nervioso central, los resultados podrían ser: parálisis, convulsiones, falta de coordinación, entumecimiento, náusea, dificultad en el habla y cambios en la personalidad.

Los buzos que sufren de descompresión tienen que someterse a un proceso de compresión en una cámara hiperbárica, para luego lograr una descompresión gradual mientras respiran oxígeno puro.

¿Cómo puede ser evitada la descompresión? Esto se logra ascendiendo con mayor lentitud, e incorporando varias interrupciones en el trayecto. Otro método es hacer una «parada de seguridad» por varios minutos, a una profundidad de cinco o seis metros de la superficie[31].

En cuanto a nuestra carrera se refiere, ¿con cuánta rapidez deseamos ascender a la cima? ¿Valdrá la pena experimentar «las torceduras», con tal de llegar antes que los demás?

Cada vez que te sumerjas en tu trabajo al inicio de cada jornada, no olvides ir soltándolo poco a poco al final de cada día. Aprende a desprenderte del trabajo de modo que puedas relajarte y recuperarte en compañía de amigos y familiares. Entonces podrás disfrutar de unas buenas noches, antes de colocarte el tanque otra vez, al amanecer del próximo día.

Momentos de contentamiento

*Porque he aprendido a contentarme (satisfecho
hasta el punto donde nada me perturba
ni inquieta) cualquiera que sea mi situación.*
Filipenses 4:11

Si alguien sabía acerca de los «días tornados», esos
cuando los proyectos y las fechas límites vuelan con
frenesí a tu alrededor, era el apóstol Pablo. A los corintios
les escribió diciéndoles que a lo largo de su vida, fue
azotado casi hasta la muerte con látigos y varas,
apedreado y tenido por muerto, naufragó, se expuso al
peligro en ríos, océanos y frente a bandidos; padeció
insomnio, hambre, frío y carencia de ropa adecuada; y
sufrió persecución por dondequiera que iba. Sin embargo,
pudo decirles a los filipenses, en esencia: «He aprendido a
estar en paz, venga lo que venga». Pablo había aprendido
la clave del contentamiento interno.

Esa paz, nacida del Espíritu en nuestros corazones, es
algo que todos debemos abrigar. Cuando las situaciones
tensas pretendan robarnos la paz, necesitamos pedirle al
Señor que renueve Su presencia en nosotros. La siguiente

oración de Louis Bromfield, parece haber sido escrita para tales ocasiones:

«*Oh Señor, te doy gracias por el privilegio y regalo de vivir en un mundo lleno de hermosura, emoción y variedad.*

Gracias por el regalo de amar y ser amado, por la amistad, la comprensión y la hermosura de los animales en la granja, y en el bosque y los pantanos; por el verde en los árboles y el sonido de una cascada; por la veloz hermosura de la trucha en la quebrada.

Gracias por las delicias de la música y los niños, por los pensamientos de otros hombres y por sus conversaciones, y por sus libros los cuales puedo leer al pie de la hoguera o en la cama cuando cae la lluvia sobre el techo, o cuando el viento sopla la nieve en la ventana»[32].

Quizá no te encuentres en un lugar donde haya mucha belleza a tu alrededor, pero puedes cerrar tus ojos e imaginar que estás en un sitio así. Convierte esa recámara secreta de tu corazón en tu recinto de oración, el lugar donde puedes experimentar contentamiento.

Pequeñas cosas

*El que es fiel en lo muy poco, también en lo más es fiel; y el que
en lo muy poco es injusto, también en lo más es injusto.*
Lucas 16:10

En cierto banco había un departamento de inversiones
en el que trabajaban cuatro jóvenes, y un señor de edad
avanzada. Los directores decidieron promover al
empleado de más edad, y ofrecerle a uno de los jóvenes
la posición de aquél, como director de dicho
departamento.

Después de considerar los méritos de cada joven, los
directores eligieron a uno, y le dieron un considerable
aumento de salario. Decidieron informarle sobre la
decisión tomada, ese mismo día a las cuatro de la tarde.

Durante la hora del almuerzo, el joven se dirigió a
una cafetería. Uno de los directores estaba en la fila,
detrás de él. Había varios clientes entre ellos. El director
observaba al joven mientras escogía sus alimentos,
incluyendo un pedazo de mantequilla. Vio que escondía
la misma debajo de otros alimentos y que mentía a la
cajera respecto a lo que había en su bandeja.

Esa misma tarde, los directores le notificaron al joven sobre su intención de ofrecerle la promoción, pero debido a lo presenciado en la cafetería, tenían que despedirlo. No podían tener como director del departamento de inversiones, a una persona que roba y miente.

A lo que los negocios llaman «robo por parte de sus empleados», el personal, con frecuencia, denomina «préstamo». Tales «préstamos» son una práctica tan común, que aun los creyentes pueden no darse cuenta, que no están haciendo otra cosa que robar. Y créanme que varias hojas de papel, lápices, llamadas de larga distancia, fotocopias o pasar más tiempo en el almuerzo que el debido, representan una pérdida considerable.

La próxima vez que te veas tentado a «tomar prestado» algo que pertenece a tu empleador, ¡imagínate a Jesús preguntándote dónde lo adquiriste!

A su manera

*Y el Señor encamine vuestros corazones al
amor de Dios, y a la paciencia de Cristo.
2 Tesalonicenses 3:5*

El filósofo danés Sören Kierkegaard, cuenta la historia
de un pato salvaje. Este pato volaba en dirección norte
durante la primavera, a través del continente europeo.
Decidió detener su vuelo en un corral en Dinamarca,
donde se criaban patos domésticos para ser utilizados
como alimento. Como disfrutaba la comida y protección
del corral, decidió al principio quedarse una hora, luego
un día, una semana, un mes y por fin, todo el verano.

A su debido tiempo el verano se convirtió en otoño, y
sus salvajes amigos surcaron los cielos en dirección sur por
encima del corral, huyéndole al invierno. El pato salvaje
se emocionó por el alboroto de sus amigos. Por ello, batió
sus alas para volar y unírseles y así dirigirse a un clima
más cálido.

Sin embargo, muy pronto se percató de que la deliciosa
suerte que había disfrutado durante todo el verano, lo
había convertido en un pato flojo y pesado, que no podía
volar más alto que el techo del corral. Al volver a tierra se

dijo a sí mismo: «Qué más da, mi vida en este lugar es segura y la comida es buena. ¡Me quedaré aquí!»

Cada primavera, y otoño, él escuchaba el graznido de los patos salvajes cuando volaban por encima del corral. En varias temporadas intentó unirse a sus compañeros, pero llegó el día cuando ya no le prestaba atención a los patos salvajes.

La historia de este pato nos hace recordar las palabras del poeta William Wordsworth: «La influencia del mundo es profunda en nosotros; tarde y temprano, adquirimos y gastamos, cedemos y perdemos nuestros poderes».

Las ocupaciones y comodidades del mundo, tienen el poder de distraernos con facilidad de lo que es el propósito de Dios para nuestras vidas. Son muchas las veces cuando tenemos que obligarnos a nosotros mismos a hacer lo correcto, mantenernos en buen estado físico y vivir vidas balanceadas.

Si nos desviamos tal y como hizo el pato salvaje, debemos entonces acercarnos más a Dios. Como un imán que ha sido desmagnetizado y ha perdido su habilidad de determinar dirección, podemos volver a encaminarnos permaneciendo en contacto íntimo con Jesucristo, el imán más poderoso del universo. ¡Él nunca pierde su sentido de dirección!

Válvula de escape

*Sed, pues, misericordiosos, como también
vuestro Padre es misericordioso.*
Lucas 6:36

¿**E**stás harto de ese compañero de trabajo tan dominante? ¿Se ha empeñado el jefe en hacerte pasar un mal día? ¿Estás cansado de la actitud que demuestra cierta persona, y lo peor es que no puedes evitarla?

Todos nos enfrentamos a personas, a veces con bastante frecuencia, que expresándolo con sencillez, no son de nuestro agrado. Y para colmo de males, ¡aun aquellos que nos agradan también pueden tener un mal día!

Eleanor Roosevelt compartió el siguiente consejo para ocasiones como estas:

«*U**na persona madura es aquella que no piensa
sólo en términos absolutos, que es capaz de ser
objetiva aun cuando ha sido muy sacudida en el
aspecto emocional, que ha aprendido que en todas
las personas y cosas existe lo bueno y lo malo, que
anda en humildad y practica caridad en las
circunstancias de la vida, reconociendo que en este*

mundo, nadie es omnisciente, y por lo tanto, todos necesitamos ambos, amor y caridad».

¡Con certeza, a todos nos gustaría alcanzar tal nivel de madurez! ¿Pero cómo? En Lucas 6:37 Jesús enseñó a sus seguidores que para tener buenas relaciones con el prójimo, era necesario hacer tres cosas específicas:

- *No juzgues, pronuncies juicio, ni sometas a nadie a la censura, y no serás juzgado.* No hables mal de nadie, esto sólo sirve para añadir combustible a sentimientos duros. En lugar de esto, comparte con ellos palabras de aliento.

- *No condenes, ni declares a nadie culpable, para que no seas condenado ni declarado culpable.* No trates a nadie como inútil o sin mérito personal; no los rechaces con desdén. Eso sólo crea más tensión.

- *Perdona, exonera, desata (deja a un lado el resentimiento, suéltalo), y serás absuelto, perdonado y liberado.* Dile al Señor: «Esta persona es hijo tuyo, y por lo tanto, eres tú quien debe disciplinarlo. Ayúdalo, y ayúdame».

Rehúsa permitir que en el día de hoy, otro te coloque en la olla de presión. Deja escapar el «vapor» que sientes, y hazlo por medio de acciones bondadosas y la oración.

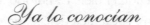

Ya lo conocían

*Así alumbre vuestra luz delante
de los hombres, para que vean vuestras
buenas obras, y glorifiquen a vuestro
Padre que está en los cielos.*
Mateo 5:16

Cierto misionero fue enviado a una tierra lejana, y eran pocos los occidentales que allí habían estado. Según la información recopilada, ningún misionero había trabajado en esa área y el evangelio no había sido predicado. Por lo tanto, él comenzó explicando la historia de Jesucristo de la forma más sencilla.

Después de haber aprendido el idioma con gran minuciosidad, congregó a todos los miembros de la aldea para que escucharan su primer sermón sobre el Dios amoroso. Les habló sobre el amor desinteresado, la compasión infinita, la tierna misericordia y el dinámico poder sanador de Jesús. Se sentía muy complacido al ver el interés mostrado por el grupo.

Entonces notó que comenzaban a asentir con la cabeza y a sonreír, como si ya conociesen al Hombre que iba por todos lados haciendo el bien. El notorio interés y la recepción de ellos, le causaba deleite, sin embargo, le consternaba su forma de reconocer a Jesús como persona.

Ya al final, no pudo contener más su curiosidad, y preguntó cuántos de los que estaban allí habían escuchado de este Hombre.

La respuesta fue abrumadora. ¡Todos lo conocían! Desconcertado les preguntó: «¿Cómo? ¿Cuándo? ¿Quién les habló de Él?».

«¡Él solía vivir entre nosotros!», dijo uno de los ancianos. «Lo llamábamos Doctor, pero era tal y como lo has descrito».

Resulta, que la aldea había disfrutado del servicio de un médico cristiano paciente y amoroso. Él vivió entre ellos y los cuidó en salud y enfermedad por muchos años. Fue tan fuerte la atención sencilla y el amor cristiano de este médico, que los aldeanos lo habían confundido con el Salvador que el misionero describía.

¡Determina vivir tu vida de tal forma, que aun los perdidos puedan reconocer a Jesús en ti!

La tumba vacía

No juzguéis según las apariencias,
sino juzgad con justo juicio.
Juan 7:24

Felipe nació anormal, con retardo cerebral. Era un chico alegre, pero al ir creciendo comenzó a darse cuenta que era diferente a los demás niños.

Felipe asistía a la escuela dominical con niños y niñas de su misma edad. La clase compartía muchas experiencias, aprendían, reían, jugaban. Pero Felipe continuaba siendo el extraño.

Como parte de una lección de Semana Santa (celebración de la Pascua), la maestra de escuela dominical le entregó a cada estudiante un recipiente de plástico grande, en forma de huevo. Todos debían explorar el terreno alrededor de la iglesia, y buscar algo que para ellos significara nueva vida; luego colocarlo en su «huevo», y traerlo de regreso al aula, para compartirlo con los demás.

Los niños disfrutaron muchísimo corriendo por el patio de la iglesia, recolectando símbolos. Después regresaron al salón de clases, colocaron sus huevos encima de la mesa, y observaron a la maestra, que con gran expectativa, abría cada uno de ellos. En uno había una flor, en otro una mariposa. Los chicos respondían con gran regocijo y entusiasmo, cada vez que la maestra revelaba el contenido de cada huevo: una rama, una hoja, un capullo de flor.

Cuando la maestra abrió el siguiente, no encontró nada en él. Como era de esperarse, los estudiantes de ocho años respondieron: «¡No es justo, es estúpido! Alguien no lo hizo bien».

Felipe se acercó a la maestra, tiró de su manga, y dijo: «Es mío. Ese huevo es el mío». Todos los chicos rieron y dijeron: «Nunca haces algo bien, Felipe. No hay nada en el huevo».

Felipe respondió: «Yo sí lo hice. Sí lo hice. Está vacía, la tumba está vacía!».

En el salón hubo un gran silencio. Desde ese día en adelante todo fue diferente. Felipe se convirtió en miembro activo de la clase. Los chicos le brindaron su amistad. Felipe había sido liberado de la tumba de la discriminación, para recibir nueva vida entre sus compañeros[33].

¿Cuál es la medida de tu corazón?

Pues el hombre mira la apariencia exterior,
pero el Señor mira el corazón.
1 Samuel 16:7 (LBLA)

Un reciente estudio médico midió los efectos de la tensión mental sobre la presión sanguínea. Los resultados fueron sorprendentes: Si tu presión sanguínea sube en demasía durante un «reto mental», eres un candidato de primera clase para el endurecimiento de las arterias, lo cual puede ser causa de apoplejía y ataques cardíacos.

Los investigadores utilizaron un complejo juego computarizado para probar su teoría. Las palabras que definían colores fueron escritas a color, y los 348 voluntarios tenían que identificar el color en que estaban escritas las mismas. Para hacer las cosas más difíciles, el computador agilizaba la velocidad del juego, y así garantizar que todos alcanzaran 17% de error. Los monitores de presión sanguínea registraron los efectos.

Durante los próximos dos años, los investigadores utilizaron ultrasonido para verificar cualquier obstrucción en las arterias carótidas de los voluntarios (vasos sanguíneos que alimentan el cerebro). Aquellos cuya presión sanguínea ascendió durante el juego computarizado, mostraron una relación de obstrucción en las arterias más elevada.

El endurecimiento de las arterias puede causar la muerte física, pero el endurecimiento del corazón hacia Dios y los demás, destruye algo aún más importante que nuestros cuerpos: nuestra habilidad de vivir vidas plenas, y ser testigos efectivos de Jesucristo en este mundo.

Así como debemos cuidar nuestra salud, y aprender a lidiar con las tensiones, debemos dedicarle aún mayor atención a lo que Dios ve, cuando escudriña lo más profundo de nuestros corazones. ¿Somos personas de carácter suave y moldeable, o duros e inflexibles?

1 Pedro 1:22 dice:
«Amaos unos a otros entrañablemente, de corazón puro».
¡Ese es el mejor ejercicio para el corazón!

Efecto de ondas

*El cual (la semilla de mostaza) a la verdad es la más pequeña
de todas las semillas; pero cuando ha crecido, es la mayor
de las hortalizas, y se hace árbol, de tal manera que
vienen las aves del cielo y hacen nidos en sus ramas.*
Mateo 13:32

No todos los que comprometen sus vidas con Jesucristo
serán llamados a la fama mundial. La mayoría de
nosotros somos llamados a ejecutar roles menos notables
en nuestras iglesias, comunidades y familias. Sin embargo,
sólo Dios conoce lo significante de ello para el futuro de
miles, incluso millones.

Hace un siglo y medio, un humilde predicador vivió y
murió en un pequeño pueblo en Leicestershire, Inglaterra.
Allí transcurrió toda su vida, y jamás viajó lejos de su
hogar natal. Nunca asistió a una universidad, no obtuvo
títulos formales, pero sí fue un ministro fiel de su pueblo.

En su congregación había un joven zapatero
remendón, a quien le dedicó especial atención,
enseñándole la Palabra de Dios. Este joven era William

Carey, quien más tarde fue proclamado como uno de los mayores misioneros de la era moderna.

El ministro también tenía un hijo, un chico al cual enseñó, y animó con constancia. Su carácter y talentos fueron muy impactados por la vida de su padre. Creció, y llegó a convertirse en el orador público más potente de aquellos tiempos: Robert Hall. Fue admirado en gran medida por su carácter piadoso. Su predicación era poderosa y sus sermones influyeron en las decisiones de estadistas.

En apariencia, el pastor de la pequeña aldea logró muy poco, en el transcurso de su vida como predicador. No hubo avivamientos espectaculares, grandes milagros o un crecimiento significativo en la membresía de la iglesia. Pero su fiel testimonio y su vida de piedad, tuvieron mucho que ver con entregarle a la India a Guillermo Carey, y a Inglaterra su Robert Hall.

Cuando pienses que no causas impacto en el mundo, a través de tu enseñanza en la escuela dominical, o al visitar a aquellos recluidos en sus hogares, recuerda al pequeño predicador pueblerino que ejerció influencia en dos naciones, para la causa del Señor.

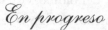

En progreso

*El que comenzó en vosotros la buena obra,
la perfeccionará hasta el día de Jesucristo.*
Filipenses 1:6

En el vestíbulo de un hotel que estaba siendo remodelado, había un letrero que decía: «Tenga paciencia, por favor. Renovación en progreso para generar algo nuevo y maravilloso». ¡Quizá todos necesitemos usar un letrero como ese! Somos proyectos sin terminar y en proceso de construcción, hasta llegar a ser algo maravilloso. Teniendo esto siempre presente, deberíamos tener mayor gracia y paciencia con los demás, y con nosotros mismos, mientras la obra está en vías de ejecución.

La esperanza es la anticipación de algo bueno. Igual que el vestíbulo del hotel en medio del desorden de la renovación, la esperanza que albergamos a menudo se manifiesta, a pesar de las circunstancias actuales. ¿Cuáles son las bases de nuestra esperanza?

Para los cristianos, la esperanza no es simple optimismo o la negación de la realidad. La razón de la misma es Jesucristo, la roca sólida de nuestra fe. Como expresara el escritor del himno: «Mi esperanza se fundamenta nada menos que en la sangre y la justicia de Cristo». Si conocemos al Señor Jesús, nunca en la vida estaremos carentes de esperanza.

El enfoque de nuestra esperanza es, llegar a ser como Jesús. Tal meta podría considerarse como demasiado grande y más allá de nuestras habilidades; y lo es. ¿Cómo entonces poder alcanzarla?

Las Escrituras declaran que nuestra esperanza es, «Cristo en vosotros» (ver Colosenses 1:27). La transformación de nuestras vidas a la imagen del Señor, es una meta inmensa, más que la existencia. Pablo les escribe a los corintios que tener esperanza tan sólo para esta vida, es ser miserable (ver 1 Corintios 15:19). La esperanza del cristiano es para esta vida, y para la eternidad.

Una pequeña capilla en las colinas de las Alturas Escocesas, tiene en la puerta un letrero grabado en el idioma gaélico. Traducido al castellano significa: «Ven tal y como eres, pero no te marches igual que como llegaste». Cuando acudimos a Jesús, podemos hacerlo tal y como somos. Sin embargo, Él no nos dejará igual. Esa es nuestra certera esperanza[34].

Ven y sube

*Y ellos guardaban las puertas de día y de noche
para matarle. Entonces los discípulos, tomándole de noche,
le bajaron por el muro, descolgándole en una canasta.*
Hechos 9:23-25

El alpinismo en hielo es quizá la especialidad más peligrosa dentro de este deporte, ¡pero es una que algunos alpinistas *eligen* practicar! Lo más desafiante, son las cataratas congeladas. Un alpinista las describió de la siguiente forma: de sesenta a setenta pies de ancho y unos doscientos pies desde la base hasta la cima.

Todos los alpinistas sobre hielo usan unos ganchos de hierro con púas que se atan con correas a las botas. Lo primero que debe aprender un futuro alpinista, es moverse de un lado a otro en una pared de hielo, usando los mismos.

Lo próximo que se aprende es la técnica. Cada estilo se ajusta a una fase diferente del ascenso, e implica la colocación de las botas en forma paralela al hielo (Francés); la parte delantera de una bota se afirma en el hielo y la otra bota paralela (Americano); y finalmente, ambas botas se clavan de frente en el hielo (Alemán).

Algunas paredes tienen un grado menor de inclinación, de veinte a treinta grados. Es más difícil escalar cuando el grado de inclinación oscila entre treinta y cinco y sesenta grados, y aun más entre los sesenta y noventa grados. A este último nivel de inclinación, el alpinista tiene que subirse a sí mismo con todo el cuerpo, sólo la fuerza de sus brazos no es suficiente.

Los alpinistas en hielo también usan arreos de seguridad, a través del cual se desliza el extremo de una cuerda. El otro extremo está anclado con firmeza a la parte superior de la pared, desde donde otros miembros del equipo anticipan cualquier caída, y quitan un poco de tensión a la cuerda, para prevenir que el alpinista sufra lesiones severas[35].

¿No es así como ocurre en muchos de nuestros esfuerzos? Pensamos que sólo necesitamos usar una técnica, o que con nuestra propia fuerza es suficiente. Luego comprendemos que tenemos que orar, estudiar la Palabra de Dios y aprender a depender de otros creyentes de vez en cuando, para poder llegar a la cima. Podemos conseguir el mejor equipo para ascender la pared, ganchos, hacha, martillo, vestimenta que nos proteja del frío, y guantes, pero no será suficiente.

Mientras escalamos a diario la pared escogida, ¡es reconfortante saber que hay Alguien en la cima, que también sujeta nuestra cuerda!

Pericia

*Procura con diligencia presentarte a Dios aprobado,
como obrero que no tiene de qué avergonzarse,
que usa bien la palabra de verdad.*
2 Timoteo 2:15

Cuenta la historia de un estudiante postgraduado que se dirigió al gran naturalista Agassiz, para recibir los toques finales en su formación. Había recibido varios honores, y por ello esperaba obtener una noble asignación. Se sintió muy asombrado cuando Agassiz le entregó un pequeño pez y le pidió que lo describiera. El estudiante respondió:

—Es sólo un pez luna.

—Lo sé —dijo Agassiz—, pero quiero que lo describas por escrito.

Pocos minutos después el estudiante regresó con la descripción escrita del pez, de acuerdo a la terminología formal en Latín, e incluyó en una carta hidrográfica, el género y la familia donde éste podría ser encontrado. Agassiz leyó lo que el estudiante había plasmado y luego le dijo:

—Descríbeme el pez.

Entonces el estudiante produjo un ensayo de cuatro páginas. Otra vez Agassiz le dio la misma orientación. Este proceso continuó por unas tres semanas, y para entonces el pez ya estaba en un estado de descomposición bastante avanzado. El estudiante admitió, que después de todo ese tiempo, en verdad ya conocía bastante sobre el pez. Y Agassiz así lo reconoció[36].

Cierto filósofo moderno ha llegado a la conclusión de que si uno estudia algo aunque pequeño, sea planta o criatura, por cinco minutos diarios en un lapso de veinte años, ¡uno se convertiría en el máximo experto mundial sobre el tema!

Cuán importante es, entonces, que invirtamos tiempo cada día aprendiendo las lecciones más importantes de todas, ¡las que se encuentran en la Palabra de Dios! Si en realidad deseas *conoce*r lo que dice Dios sobre cómo vivir una vida de éxito en esta tierra, permite que la lectura bíblica ocupe parte de tu vida diaria.

Miseria, hazlo por ti mismo

Hay engaño en el corazón de los que traman el mal,
y gozo en los consejeros de paz.
Proverbios 12:20 (LBLA)

Algunas personas no entienden por qué la vida les ha reparado una suerte tan miserable. Ven que otros a su alrededor disfrutan la existencia, y esto sólo añade más miseria a la suya. Están convencidos de que su terrible suerte en este mundo es el resultado de una conspiración, que pretende mantenerlos subyugados. Lo cierto es que la miseria es labrada por uno mismo. Lo que sigue a continuación es una receta probada para vivir en miseria, la cual fue impresa en *The Gospel Herald* (El heraldo del evangelio):

Piensa en ti mismo.
Habla de ti mismo.
Usa «Yo» lo más que puedas.
Refléjate siempre en la opinión de los demás.
Escucha con avidez lo que la gente dice de ti.
Sospecha de todo y de todos.
Espera recibir reconocimiento.

Sé celoso y envidioso.

Sé sensible ante los desprecios de los demás.

Nunca olvides una crítica.

Confía sólo en ti mismo.

Insiste en recibir consideración y el debido respeto.

Demanda que todas tus ideas, sean aceptadas.

Enfádate si las personas no te demuestran gratitud por tus favores hacia ellas.

Nunca olvides un favor o servicio prestado.

Procura estar al tanto de ser tú, quien la pase bien.

Si puedes hacerlo, elude tus responsabilidades.

Haz lo menos que puedas por los demás.

Ámate a ti mismo por encima de todo.

Sé egoísta[37].

El resultado de esta receta está garantizado. De hecho, ni siquiera necesitarás todos los ingredientes para lograr un estado de miseria total.

Por otra parte, si la miseria no es algo que crees poder disfrutar, entonces debes hacer lo opuesto con exactitud. ¡Al hacerlo, será muy difícil sentir tan siquiera un poquito de tristeza!

Cuando la vida se convierte en una rutina

Venid a mí, todos los que estáis trabajados y cargados.
Mateo 11:28

Algunos días parecen carecer de todo propósito y motivación. Es posible que en uno de esos, te sientas como este hombre:

«*Cuando desperté esta mañana, me dije a mí mismo que éste sería un día igual que los demás. Y así fue. Abordé el mismo tren, como cada mañana. Leí los mismos comentarios en el periódico, sobre cierta situación internacional que nunca cambia. Encima de mi escritorio encontré el mismo montón de documentos por revisar.*

»*Todas las personas se ven igual que siempre, incluso mi supervisor. Llevan en sus rostros la misma falta de expresión, la cual es un reflejo de que nada nuevo sucederá hoy. A la hora del almuerzo, comí lo de siempre. Regresé a mi escritorio hasta las cinco de la tarde, y luego me dirigí a casa, convencido que mañana todo comenzará de nuevo otra vez.*

»*Dios, estoy cansado de todo esto. Mi anhelo era que todo fuera diferente por completo. Yo había soñado que algún día disfrutaría de una vida activa y emocionante. Nunca llegaré a ser más de lo que soy. Eso fue un sueño».*

Si comienzas a experimentar este tipo de fatiga y aburrimiento, ¡es tiempo de tomar un descanso! Estos son síntomas de que se acerca una depresión, y ésta es algo que impedirá el disfrute de la vida plena que Dios tiene planeada para ti.

Para vencer la fatiga, el aburrimiento y la depresión, debes acudir de inmediato al Señor y rogar por un cambio de actitud, por fuerzas y sabiduría. Admite tu insatisfacción y frustración, sé honesto. ¡De todas formas, Él conoce todo sobre ti!

Entonces, escucha la respuesta. Es probable que hayas caído en patrones de pensamientos destructivos, y ha llegado el momento de «derrumbar argumentos vanos» (ver 2 Corintios 10:5). También es posible que Dios esté incitándote a intentar algo nuevo, una profesión, ministerio, pasatiempo, o una actividad familiar.

Una cosa sí es segura, y es que Dios no desea que abandones los sueños que Él mismo te ha dado. ¡Desea que lleves a la plena realización todos aquellos sueños, que Él ha depositado en tu corazón!

Un «cuerpo de trabajo»

Jesucristo… quien se dio a sí mismo por nosotros para redimirnos (comprar nuestra libertad) de toda iniquidad y purificar para sí un pueblo propio, celoso de buenas obras.
Tito 2:13-14

En sesenta y cinco años están contenidas 569.400 horas. Si a ese número, restas la cantidad de horas que una persona invierte en su crecimiento y recibiendo una educación básica de escuela superior, y luego sustraes las que por lo general dedica a comer, dormir y a algún tipo de recreo, todavía tendrías unas 134.000 horas para consagrar al trabajo, entre las edades de dieciocho a sesenta y cinco años.

¡Eso representa mucho tiempo! Sin embargo, muchas personas llegan a la edad de jubilación, reflexionan sobre los años transcurridos y concluyen: «Lo único que hice fue trabajar y cobrar un sueldo».

Adopta, a partir de hoy, una estrategia diferente. ¡Toma la decisión de crear un «cuerpo de trabajo» con el tiempo que tengas disponible! Esto es mucho más que una carrera o un montón de logros, reconocimientos y metas alcanzadas. Un «cuerpo de trabajo» es justo eso, algo físico y humano. Un cuerpo de trabajo es *gente*.

El rey David anheló construir un gran templo para el Señor. El profeta Natán vino a él con el mensaje de Dios al respecto: «...y el Señor también te hace saber que el Señor te edificará casa». Lo que David tenía en mente era ladrillo y cedro. ¡Lo que el Señor tenía en mente era familia y relaciones! (Ver 2 Samuel 7).

Decide conocer a las personas que trabajan contigo. Pasa tiempo con ellas. Valora sus vidas. Comparte experiencias con ellas. Procura estar presente cuando tengan que enfrentar alguna crisis y cuando celebren hechos memorables. Considera a tus colegas como amigos, y también a los que ocupan posiciones de mayor y menor jerarquía. Trátalos como tal. Edifica relaciones que permanezcan a través de los años, sin importar que alguno haya sido trasladado, ascendido o dejado cesante. Al llegar los años de jubilación, más importante que las posesiones, serán para ti las personas que has conocido.

Desperdiciando el tiempo con «bagatelas»

*Así que, no os afanéis por el día de mañana, porque el día de
mañana traerá su afán. Basta a cada día su propio mal.*
Mateo 6:34

*U*na querida anciana quien residía en un pequeño
pueblo, se preparaba para su primer viaje en tren. El viaje
consistía en una trayectoria de cincuenta millas a través de
una interesante y hermosa región, y la anciana esperaba
disfrutar esta placentera experiencia. Sin embargo, una
vez que subió al tren, le tomó tanto tiempo colocar bien
sus paquetes y canastas, acomodar su asiento, poner en el
lugar deseado las cortinas y persianas, y recibir respuesta a
sus ansiosas preguntas sobre todo lo que tuvo que dejar
atrás, que cuando estaba a punto de acomodarse para
disfrutar el viaje, se escuchó el aviso de la proximidad de
su parada!

—¡Santo cielo! —dijo ella—, si hubiera sabido que
llegaríamos tan pronto, no habría desperdiciado mi
tiempo preocupándome por bagatelas. ¡Casi no pude
aprovechar el panorama!

Entretenerse con todas las «bagatelas» que ayer quedaron atrás, y con las del mañana, nos roba el gozo que Dios trae a nuestras vidas hoy. Si varias veces al día has repetido: «Estoy demasiado ocupado para...», podría ser el tiempo de evaluar tus prioridades.

Demasiado ocupado

¡Demasiado ocupado para leer la Biblia
Demasiado ocupado para esperar y orar!
¡Demasiado ocupado para expresar bondades
A alguien en mi camino!

¡Demasiado ocupado para cuidar y luchar,
Para pensar en la vida que está por venir!
Demasiado ocupado construyendo mansiones,
Para planear para el Hogar Celestial.

¡Demasiado ocupado para ayudar al hermano
Que enfrenta el embate invernal!
Demasiado ocupado para compartir su carga
Cuando en la balanza se mide quien soy.

¡Demasiado ocupado para todo lo que es santo
En la tierra debajo del cielo!
Demasiado ocupado para servir al Maestro
Pero nunca demasiado ocupado para morir.

Anónimo

Dame una palabra

Y el Verbo era Dios.
Juan 1:1

En su obra *Lord, Let Me Love (Señor permíteme amar)*, Marjorie Holmes escribe sobre su hija, quien a temprana edad estaba fascinada con las palabras. Desde sus primeros intentos por hablar, se deleitó en probar nuevos vocablos y sonidos. A menudo cantaba repeticiones de palabras o inventaba combinaciones de sonidos, con el fin de incrementar su propio vocabulario[38].

Sin embargo, era muy impaciente, ya que todas las cosas que estaba aprendiendo excedían en gran medida su habilidad para expresarlas. Debido a que necesitaba más palabras, comenzó a pedirlas a su mamá como si solicitara una galleta o un abrazo.

La pequeña le decía: «¿Me podrías dar una palabra brillante, mamá?» Marjorie le contestaba con nombres y adjetivos que describían la palabra *brillante*, tales como luz, dorado, luminoso, lustroso, reluciente".

Dame una palabra
Cuando pedía una palabra suave, Marjorie respondía: «¿Suave aterciopelado como una zarzamora, o la nariz de un caballito?¿O peludo como tu gatito?¿Qué tal una canción de cuna?» Y cuando estaba enojada, ella demandaba una palabra alegre. El juego continuaba hasta que la actitud de la niña era transformada, por los risueños pensamientos producidos por las palabras eufóricas.

Por medio de las palabras, Dios trajo el mundo a la existencia. Dijo: «Sea la luz», y hubo luz. Dijo: «Hagamos la tierra en toda su expansión», y el follaje, los animales, las aves y los peces fueron todos creados.

Dios nos dio su Palabra para que pudiésemos vivir, vidas plenas y satisfechas mientras estemos aquí en la tierra. En la Biblia abundan maravillosas, poderosas y hermosas palabras para el diario vivir.

¿Qué palabra, necesitas hoy? ¿Precisas una palabra alegre o reconfortante? «Dame una palabra», podría ser la oración dirigida a Dios desde lo profundo de tu corazón, durante este tiempo de descanso. ¡Entonces abre tu Biblia y déjalo hablar!

No pierdas el filo

He aquí que yo hago cosa nueva; pronto saldrá a la luz;
¿no la conoceréis? Otra vez abriré camino en
el desierto, y ríos en la soledad.
Isaías 43:19

Si piensas que tienes problemas manteniéndote al día con los cambios en tu línea de trabajo, entonces considera al cirujano laparoscópico. Por ser la meta principal de la medicina moderna occidental, corregir un problema de forma no-invasora, y con la menor estadía posible en el hospital, estos médicos se ven en la obligación de aprender nuevas técnicas, y casi de inmediato.

¿Y cuál es la solución? Algo que los médicos llaman «campamento de entrenamiento». Es una idea original de James C. Rooser, hijo., Director de cirugía endolaparoscópica, de la Universidad de Medicina de Yale.

En laparoscopía, los instrumentos quirúrgicos entran al cuerpo junto con una cámara, a través de una incisión más pequeña de lo normal. Los cirujanos pueden ver los instrumentos en una pantalla, y deben operar manipulándolos con firmeza, mientras observan con minuciosidad a través de este monitor. En el «campamento de entrenamiento» los cirujanos perfeccionan estas cruciales destrezas, poniendo en práctica una serie de rigurosos juegos.

En el juego «Slam Dunk», la mano no-dominante debe hacer uso de un par de pinzas pequeñas fijadas a una palanca, cuya parte inferior permanece escondida en una caja. El objetivo es que el cirujano, mientras observa unos guisantes en una pantalla, utilice una agarradera que se ubica en la parte superior de la palanca, para controlar las pinzas y echar cada uno de los granos, en un pequeño agujero.

Otros juegos con el mismo nivel de dificultad enfatizan también el uso de la mano no-dominante, y se concentran en producir confianza, en vez de arrogancia fuera de control en la sala de operaciones[39].

Cuando intentas conquistar una nueva destreza en tu lugar de empleo, es siempre importante estar abierto a nuevas ideas y nuevos métodos de proceder. A veces es beneficioso dejar de hacer algo, para convertirte en perito de una nueva destreza.

¡Hoy, durante tu tiempo de oración, pídele al Señor que te enseñe algo nuevo!

❀ ❀ ❀ ❀ ❀ ❀ ❀ ❀ ❀ ❀ ❀

Disfruta el proceso

Trabajando sosegadamente… no os canséis de hacer bien.
2 Tesalonicenses 3:12-13

¡A todos nos gustaría poder amar nuestro trabajo! Esta es la conclusión a la que han llegado numerosos investigadores, quienes a modo global, hacen la siguiente recomendación: «Si no te agrada la labor que desempeñas, intenta definir tu vocación, y procura ponerla en práctica». Para muchos, este consejo pertenece a la categoría de «es más fácil decirlo que hacerlo».

¿Cómo añadirle placer a un empleo que quizá se ha convertido en aburrido, frustrante o desalentador? Comienza por reflexionar sobre aquellos para quienes trabajas. En primer lugar, y por encima de todos, trabajas para el Señor. Segundo, lo haces para ti, para el mantenimiento de cuerpo, posesiones y la autoestima a un nivel adecuado. Tercero, trabajas para otras personas, los miembros de tu familia; pero también para aquellos que se benefician de tus contribuciones caritativas. Y por último, laboras para una compañía o institución, que en términos de «gente real», son aquellos con quienes trabajas día a día.

Teniendo a las personas en mente, intenta involucrarte en los siguientes elevadores de placer relacionados con tu trabajo:

1. Consagra una pequeña contribución mensual a una causa caritativa que sirva a personas con quienes te enfrentas a diario, quizá los desamparados que ves camino al trabajo.

2. Ofrece por lo menos diez halagos genuinos por día, a las personas que trabajan contigo. Expresa tu aprecio por su apariencia, trabajo o bondad.

3. Lleva siempre contigo una foto de tus seres queridos e invierte algunos momentos cada día para contemplarla. Eleva una pequeña oración por ellos.

4. Establece metas personales de productividad, calidad y eficiencia. Entonces, recompénsate a ti mismo cada día que logres superarlas. Mantén un registro en el que documentes tus avances, ¡quizá tu historial te conduzca a una posición nueva y mejor!

Estos sencillos recordatorios sobre la razón por la cual trabajas y quién se beneficia de tu labor, pueden contribuir a que el trabajo que desempeñas, adquiera mayor significado. Y unido a esto, viene un sentido de satisfacción personal, que casi siempre se puede traducir como «disfrute».

Así también yo os envío

Después oí la voz del Señor, que decía:
¿A quién enviaré, y quién irá por nosotros?
Entonces respondí yo: Heme aquí, envíame a mí.
Isaías 6:8

Margaret Clarkson, maestra de veintitrés años de edad, ejercía sus funciones en un pueblo minero donde se explotaba el oro, al norte de Ontario, Canadá, lejos de amigos y familiares. Cierta noche al meditar en Juan 20:21, Dios le habló a través de la frase: «Así también yo os envío». Esa noche pudo reconocer que esta solitaria región era el lugar al cual «Dios la había enviado». Este era su campo misionero. Al ir escribiendo con rapidez sus pensamientos en forma de verso, nació uno de los más bellos y populares himnos del siglo XX.

Debido a una incapacidad física, la señorita Clarkson no pudo ver realizado su deseo inicial de ir a un campo misionero foráneo. Sin embargo, sus palabras han servido como reto para que muchos respondan al llamado de Dios:

Así también yo os envío a trabajar sin recompensas,
A servir, no retribuido, no amado, no solicitado, desconocido.
A soportar reprensión, sufrir desprecio y burla
Así también yo os envío, a sufrir por Mi causa.

Así también yo os envío a sanar al herido y quebrantado,
Donde las almas errantes, a trabajar, a gemir y despertarlas,
A llevar de un mundo cansado las cargas
Así también yo os envío, a sufrir por Mi causa.

Así también yo os envío, a soledad y nostalgia
Con corazones hambrientos por los amados y conocidos,
Dejando casa y pueblo, amigos y parientes
Así también yo os envío, para conocer a solas mi amor.

Así también yo os envío, a dejar toda ambición,
A morir al dulce deseo, el egoísmo se resignará,
A laborar incesante, donde los hombres te desprecian
Así también yo os envío, a perder la vida en la Mía.

Así también yo os envío, a corazones por el odio
endurecidos,
A ojos ciegos, porque no quieren ver,
A gastar, aun la sangre, y gastarla sin reparos
Así también yo os envío a gustar del Calvario.[40]

«Como me envío el Padre, así también yo os envío»
(Juan 20:21).

❦ ❦ ❦ ❦ ❦ ❦ ❦ ❦ ❦ ❦ ❦

Siembra paz

Bienaventurados los pacificadores,
porque ellos serán llamados hijos de Dios.
Mateo 5:9

Todo el continente europeo sintió los golpes de aborrecimiento lanzados por el malvado tirano, Adolfo Hitler. Millones de personas murieron como resultado de su plataforma de odio; y millones más fueron marcados para el resto de sus días.

Heinz era un chico judío de once años de edad, que vivió junto a su familia en una aldea llamada Furth alrededor del año1930. Cuando las tropas de los secuaces de Hiltler dilaceraron la aldea, su padre perdió el empleo como maestro de escuela, las actividades de recreo se prohibieron, y las calles de Furth se convirtieron en campos de batalla.

Los vecindarios eran aterrorizados por la juventud hitleriana, quienes buscaban problemas por doquier. El joven Heinz se mantuvo siempre alerta y alejado de ellos. Al verlos venir, procuraba apartarse de su camino y refugiarse.

Cierto día, Heinz no pudo evitar una confrontación personal con uno de los matones de Hitler. La brutal paliza parecía ser inevitable, pero Heinz se alejó del combate sin un solo razguño. En esta ocasión, logró usar sus habilidades de persuasión y destrezas del lenguaje, para convencer a su enemigo de que una pelea, era algo innecesario. Esta no sería la única vez que el joven judío, hiciera uso de su experiencia pacificadora durante la ocupación de Europa por las fuerzas de Hitler.

A su debido tiempo, toda la familia escapó hacia América, donde Heinz dejaría marcada su huella. Llegó a ser reconocido como mediador y pacificador entre naciones y líderes mundiales. El joven que creció como Heinz, anglicanizó su nombre cuando llegó a América. Hoy día lo conocemos como Henry Kissinger.

En este día, usa tus talentos como pacificador para obrar en aquellos de criterio diferente. Cuando siembras semillas de paz, estás llevando a cabo la obra de Dios en la tierra, y recogerás una gran cosecha de bondades.

❀ ❀ ❀ ❀ ❀ ❀ ❀ ❀ ❀ ❀ ❀

Conserva el movimiento

Porque en él vivimos, y nos movemos, y somos.
Hechos 17:28

Los Masai, un pueblo nómada del África Oriental,
ilustra con lucidez, la importancia de reevaluar tu
posición cada cierto tiempo, y saber cuándo es necesario
moverse. Sin detenerse durante todo el año, los Masai se
alimentan en su mayoría, de la carne y leche de sus
rebaños. Ellos permanecen en un sitio hasta que se acaben
las lluvias. Como ecologistas naturales, se marchan de un
área en particular antes de que los recursos se agoten por
completo, y regresan a la misma, una vez que la tierra se
haya recuperado.

Es lamentable que este aspecto del estilo de vida de
los Masai, pronto se convierta en algo del pasado. Los
gobiernos están animándolos para que se establezcan en
un área específica. Pero cuando la tierra ya no produce y
las manadas comienzan a morir, los Masai a menudo
enfrentan la necesidad de vender sus tierras, e ir en busca
de un nuevo hogar. Ellos son pastores de manadas, no
agricultores. Las praderas que necesitan no pueden

cercarse con facilidad, y tampoco gozan de una tradición de plantar o irrigar la tierra[41].

La mayoría de nosotros, no dependemos de la tierra como agricultores, ni tenemos rebaños que necesiten pastar el campo. Pero sí vivimos de tal modo, que a veces agotamos todos los «recursos» que un empleo o posición nos pueda dar. A menudo, crecemos más allá del reto que cierto trabajo nos impone, o desarrollamos nuestras destrezas a tal nivel, que ya no son desafiadas, ni recompensadas, en la única posición disponible a nosotros. Y así también, el hacer lo mismo por un largo período de tiempo no sólo agota el cuerpo, sino también la mente y el espíritu. Llega el momento cuando necesitamos «movernos».

Con seguridad, los hijos de Israel experimentaron esto al divagar errantes por el desierto. Eran dirigidos por una columna de nube durante el día, y por una de fuego en la noche. Si la columna se levantaba y comenzaba a moverse, ¡también ellos lo hacían! (Nehemías 9:12).

Cada uno de nosotros podría hacer uso de una evaluación periódica. De vez en cuando, necesitamos examinar lo que hacemos, y preguntarnos si no es tiempo de buscar una manera constructiva de movernos hacia nuevos retos, a una nueva posición o carrera.

Niveles de tensión

Y el efecto de la justicia será paz.
Isaías 32:17

Los activistas de la salud en Japón, dicen que el trabajo excesivo es la causa de muerte de 30.000 obreros cada año en el país. Tienen incluso una palabra que describe tal fenómeno: «karoshi». En América, 50% de todas las muertes cada año se atribuyen a la hipertensión y a las enfermedades relacionadas con las tensiones. Treinta por ciento de la población sufre estos problemas, desde un sistema inmunológico deficiente, hasta presión sanguínea elevada y enfermedades del corazón.

Cuando estamos bajo tensión, el corazón se acelera, los músculos se contraen, el espesor de las arterias se reduce y la sangre se hace más espesa. Todas estas reacciones físicas pueden proveer el impulso que necesitas para salvar tu vida ante una amenaza mortal. Pero nuestros cuerpos no fueron creados para funcionar a estos incesantes niveles, veinticuatro horas al día.

Un estudio que se realizó entre profesionales exitosos, reveló que cada uno de ellos hacía uso de técnicas, para la buena administración de la tensión. Orar, caminar por la playa, pasar la mano a la mascota de la familia, hacer ejercicios en el gimnasio o tomar un largo y merecido baño de espumas, todas estas, contribuyeron a la recuperación de la paz y el bienestar interior. El punto importante del estudio, no fue el descubrir que eran devotos de algún régimen específico o que una de las técnicas funcionara para todos, sino que cada persona se identificó con su propio método para relajarse.

Jesús prometió a sus discípulos: «La paz os dejo, mi paz os doy; yo no os la doy como el mundo la da. No se turbe vuestro corazón ni tengan miedo» (Juan 14:27). La paz interior que Jesús nos da, no significa que jamás experimentaremos conflictos o dificultades. Esa, es la paz de la reconciliación con Dios, unión con otros creyentes, y vivir en armonía con el mundo que nos rodea. Dentro de esa paz, necesitamos buscar formas creativas para dejar que la tensión se desvanezca en nuestras vidas. Precisamos *aprender* nuevas tácticas para relajarnos[42].

Ofrendas

[Dios] haga memoria de todas tus ofrendas,
y acepte tu holocausto.
Salmos 20:3

Los israelitas tenían un elaborado sistema de sacrificios y ofrendas, establecidos por Dios para momentos y temporadas específicas. Cuando ofrecían al Señor dinero, grano u animales, era un acto de adoración. ¿Qué ofrendas damos en adoración al Señor, en el presente?

San Francisco de Asís cultivaba su jardín cierto día, cuando alguien le preguntó qué haría si estuviera seguro de morir antes de la puesta del sol. Él respondió: «Terminaría trabajando en mi jardín». San Francisco veía su vida como una ofrenda al Señor, una efusión de su tiempo, energía y amor que integraba muchas expresiones, incluyendo su trabajo.

Cuando consideramos que todo lo que hacemos es «para el Señor», es entonces, que ello se convierte en ofrenda. Procuramos relacionarnos con los demás de tal forma que sea agradable a Él. Hacemos buenas obras en favor de otros, incluyendo un buen desempeño en el trabajo, porque es eso lo que Él demanda de nosotros.

Haciendo uso de la misma analogía del jardín, Julian de Noruega señaló una segunda forma de sacrificio:

Sé un jardinero,
Cava una zanja, labora y suda,
Y remueve la tierra
Y procura las profundidades
Y riega las plantas a su debido tiempo.
Continúa con esta labor
Y haz que corran dulces torrentes
Y nobles y abundantes frutos brotarán
Toma este alimento y bebida
Y llévalo ante Dios como tu verdadera adoración[43].

Considera las actividades en las que te involucras a diario, y cómo estas pueden convertirse en una ofrenda de amor y acción de gracias para el Señor. ¡Cuando todo lo hacemos para él, aun lo más difícil se convierte en gozo!

Recolecta el heno mientras brilla el sol

Así dice el SEÑOR: Paraos en los caminos, y mirad,
y preguntad por los senderos antiguos, cuál es el buen camino,
y andad por él; y hallaréis descanso para vuestras almas.
Jeremías 6:16 (LBLA)

La medicina: ¡Qué profesión tan encantadora!
Formidables salarios, prestigio, respeto, viajes, conferencias,
curar a los enfermos, descubrir nuevas drogas.

La medicina: Aburrimiento ocasional, exposición a
huestes de enfermedades, a equivocar un diagnóstico, a
ver los pacientes morir. Largas horas de trabajo, poco
sueño, ningún tiempo familiar, demandas por
procedimientos ilegales.

La medicina: ¡Quizá no es tan encantadora después de todo!

Si un médico dedica la mayor parte del año, a ayudar
a sus pacientes a lidiar con varias enfermedades físicas y
mentales, y a la misma vez procura no involucrarse en el
aspecto emocional, ¿hacia dónde se dirige para sanar su
espíritu angustiado?

Una doctora en el estado de Michigan, regresa a su
casa en Vermont, para ayudar a su padre y hermano en
la recolección del heno. Ella dice que es un trabajo
sencillo con elegancia. Dicha labor se integra por varios

pasos básicos que al cumplirse al pie de la letra, resultan en pacas de heno, bien empacadas, que se transportan en camiones y se venden el siguiente invierno. La recolección de heno en un trabajo caliente, sudoroso y agotador, pero a diferencia de la medicina, tiene un satisfactorio principio, medio y final»[44].

Todos necesitamos involucrarnos en alguna actividad que sea antítesis de lo que hacemos a diario. Precisamos un limpiador de telaraña, algo que nos saque de la rutina.

Aquellos que están involucrados en algún trabajo «mental» todo el día, a menudo encuentran que cualquier destreza o pasatiempo que implique el uso de sus manos, es algo que disfrutan y consideran muy provechoso. De igual forma, los que participan en una fuerte faena manual, con frecuencia disfrutan de armar rompecabezas, leer o matricularse en algún curso de estudio.

Aquellos que trabajan con el público en un ambiente cargado de tensiones, descubren que la jardinería o cualquier otra actividad donde puedan trabajar solos, es algo que disfrutan en gran medida. Los que trabajan solos, suelen disfrutar el invertir sus horas libres en compañía de otras personas.

Cada uno de nosotros necesita apartarse por completo, aunque sea por unos breves momentos, del trabajo cotidiano, y por una o dos semanas cuando sea posible. ¡Esto es un aspecto crucial para poder vivir una vida equilibrada!

Sendas concurridas

Defended al débil y al huérfano; haced justicia al afligido
y al menesteroso. Librad al afligido y al necesitado;
libradlo de manos de los impíos.
Salmos 82:3-4

Henry David Thoreau, el reconocido escritor, filósofo y
naturalista americano del siglo XIX, describió la ciudad
en cierta ocasión como «un lugar donde las personas se
encuentran solitarias, juntas», y atribuyó dicha soledad, a
la carencia de relaciones de cariño y atenciones.

Si la observación de Thoreau fue cierta en el pasado, es
aun más en el presente, y la predicción es que esta
situación se convertirá en algo cada vez más alarmante en
el futuro. En el año 1950, sólo había siete ciudades en el
mundo con una población de más de cinco millones de
personas. Dos de ellas se encontraban en países del Tercer
Mundo. Hoy día hay treinta y cuatro ciudades con más de
cinco millones de habitantes, y veintidós de ellas se
encuentran en países del Tercer Mundo. Para el año 2050,
habrá casi cien ciudades con una población de por lo
menos cinco millones de personas; ochenta de éstas en
África, Asia y América Latina. Veinte por ciento de la

población mundial estará viviendo en barrios marginados y poblados precaristas en países del Tercer Mundo.

El himno «*Where Cross the Crowded Ways of Life*» (*Donde se cruzan los caminos concurridos de la vida*), fue escrito en el año 1903 por un ministro metodista que pastoreaba en la ciudad de Nueva York. Las palabras atraen nuestra atención hacia el campo misionero existente, en las ciudades donde vivimos. Una parte del himno dice así:

Donde se cruzan los caminos concurridos de la vida,
Donde se escucha el gemir de razas y clanes,
Por encima del ruido de la egoísta lucha,
¡Escuchamos Tu voz, Oh Hijo del hombre!
El vaso de agua entregado en tu nombre
Aun posee la frescura de Tu gracia;
Pero aun las multitudes anhelan ver
De tu rostro la dulce compasión.
Oh, Maestro del lado de la montaña
Sana pronto el dolor de estos corazones;
Entre las ansiosas turbas mora;
Oh, visita las calles otra vez;
Hasta que los hijos de los hombres conozcan tu amor
Y transiten donde tus pisadas han estado;
Hasta que en Gloria, desde tu alto cielo
Descienda la ciudad de nuestro Dios[45].

Pan diario

*Porque no tenemos un sumo sacerdote que no pueda
compadecerse de nuestras debilidades, sino uno que fue
tentado en todo, según nuestra semejanza, pero sin pecado.*
Hebreos 4:15

El Señor Jesús conoce nuestra necesidad de alimento
físico y espiritual. Él sabe que solos no podemos lograr
algo, y que depender de nuestros propios recursos no es
suficiente para resolver el diario vivir, y mucho menos
alcanzar la vida eterna. De hecho, fuimos creados para
depender de Él.

Cuando Jesús instituyó la Cena del Señor, dijo a sus
discípulos «hagan esto en memoria de mí». Recordar a
alguien, es permitir que ese ser, moldee e influya en
nuestras vidas. Jesús les pedía a sus discípulos que le
recordaran en esa ceremonia, para que aun cuando Su
presencia física ya no estuviera con ellos, Él iba a estar
moldeando y guiando sus vidas. Cuando nos acercamos a
la Mesa del Señor, testificamos que en realidad
dependemos de Jesús.

🌸 🌸 🌸 🌸 🌸 🌸 🌸 🌸 🌸 🌸

Al recordar a Jesús, nos viene a la mente el cuadro del Señor entregándose a sí mismo para cuidar y alimentar nuestras almas. La siguiente canción escrita por Arden Autry, describe cómo se dio Él en amor, y continúa dando, Su vida por nosotros.

Al comer este pan, y beber esta copa,
Que tu corazón se eleve y dé gracias.
Tu alma puede descansar en esta segura verdad:
Al comer este pan, todo lo que soy es tuyo.

Todo lo que soy es tuyo, Todo lo que soy entregué
Morir en la cruz, resucitar de la tumba,
Para llevar tus pecados y restaurar tu vida:
Al comer de este pan, Todo lo que soy es tuyo

En deleite y gozo, en el más profundo dolor,
En horas de ansiedad, en toda pérdida y ganancia,
Tu mundo se puede estremecer, pero Mi Palabra permanece:
Al comer este pan, Todo lo que soy es tuyo [46].

Durante este tiempo de descanso, y en el transcurso del día, recuerda a Jesús. Permite que Él dirija tus pensamientos y caminos. Es Su fuerza y Su sabiduría, las que te darán el éxito y plenitud en la vida.

Notas

1   *Illustrations for Preaching & Teaching*, Craig B. Larso, (Grand Rapids, MI: Baker Book House, 1993), p. 187.

2   *A Guide to Prayer for All God's People*, Rueben P. Job y Norman Shawchuck, ed. (Nashville: Upper Room Books, 1990), pp. 255-256.

3   *Illustrations Unlimited James S. Hewett*, ed. (Wheaton: Tyndale House, 1988), p. 19.

4   *Worldwide Challenge, enero 1978,* pp. 39-40.

5   *Good Housekeeping*, febrero 1996, p. 20.

6   *Encyclopedia Judaica*, Prof. Cecil Roth y Dr. Geoffrey Wigoder, eds. (Jerusalén:Kefer Publishing House, 1972), Vol. 4, pp. 142-143.

7   *Illustrations for Preaching and Teaching*, Craig B. Larson (Grand Rapids, MI: Baker Book House, 1993, p. 106.

8   *Spiritual Fitness*, Doris Donnelly (San Francisco: Harper, 1993), p. 111-124.

9   «Leisure», *The family Book of Best Loved Poems*, David L. George, ed. (Garden City, NY: Doubleday & Co., 1952), p. 261.

10 *JAMA*, 6 de diciembre de 1995, p. 21.

11 *Illustrations for Preaching and Teaching*, Craig B. Larson (Grand Rapids, MI: Baker Book House, 1993), p. 122.

12 *I Like This Poem*, Kaye Webb, ed. (Middlesex, Inglaterra: Penguin Books, 1979), pp. 156-157.

13   *The Treasure Chest*, Brian Culhane, ed. (San Francisco: Harper, 1995), pp. 162.

14   *Illustrations for Preaching and Teaching*, Craig B. Larson (Grand Rapids, MI: Baker Book House, 1993), p. 190.

15   *Illustrations Unlimited*, James S. Hewett (Wheaton, IL: Tyndale House Publishers, 1988), p. 40.

16   *Treasury of the Christian Faith*, Stanley Stuber y Thomas Clark, ed. (NY: Association Press, 1949), p. 355.

17   *The Treasure Chest*, Brian Culhane, ed. (San Francisco: Harper, 1995), p. 171.

18   *Illustrations Unlimited*, James S. Hewett (Wheaton, IL: Tyndale House Publishers, 1988), p. 496

19   *The Treasure Chest*, Brian Culhane, ed. (San Francisco: Harper 1995), p. 171

20   *The Complete Book of Christian Prayer*, editor (NY: Continuum), 1995. p. 321

21   *Knight's Master Book of 4,000 Illustrations*, Walter B. Knight (Grand Rapids, MI: William B. Eerdmans Publishing Co., 1956), p . 64.

22   *Illustrations Unlimited*, James S. Hewett, ed. (Wheaton: Tyndale House, 1988), pp. 15, 18, 279-280.

23   *Knight's Master Book of 4,000 Illustrations*, Walter B. Knight, (Grand Rapids, MI: William B. Eerdmans (Publishing Co., 1956), p. 71.

24   *Newsweek*, 6 de marzo, 1995, pp. 60-61.

25   *The Treasure Chest, Brian Culhane*, ed. (San Francisco: Harper, 1995),   p. 171.

26   Ibid., p. 177.

27 *Macartney's Illustrations*, Clarence E. Macartney (NY: Abingdon Press, 1954,1946), pp. 19, 172.

28 *God's Song in My Heart*, Ruth Youngdahl Nelson (Philadelphia: Fortress Press, 1957), p. 248-249.

29 *Scientific American*, octubre 1995, p. 50.

30 *The Treasure Chest*, Brian Culhane, ed. (San Francisco: Harper, 1995), p. 176.

31 *Scientific American*, agosto 1995, p. 70-77.

32 *The Treasure Chest*, Brian Culhane, ed. (Sab Francisco: Harper, 1995), p.188.

33 *A Guide to Prayer for All God's People*, Rueben P. Job y Norman Shawchuck, ed. (Nashville: Upper Room Books, 1990), pp. 326-328.

34 *Silent Strength For My Life*, Lloyd John Ogilvie (Eugene, OR: Harvest House Publishers, 1990), p. 113.

35 *Westways*, marzo 1996, p. 19-21.

36 *The Treasure Chest*, Brian Culhane, ed. (San Francisco: Harper, 1995), p. 200.

37 *Knight's Master Book of 4,000 Illustrations*, Walter B. Knight (Grand Rapids, MI: William B. Eerdmans Publishing Co., 1956), p. 615.

38 *Lord, Let Me Love*, Marjorie Holmes (NY: Doubleday, fecha), pp. 104-105.

39 *Scientific American*, septiembre 1995, p. 24.

40 *Amazing Grace*, Kenneth W. Osbeck (Grand Rapids, MI: Kregel Publications, 1990), p. 38.

41 *Scientific American*, enero 1994, p. 159.

42 *Newsweek*, 6 de marzo de 1995, p. 62.

43 *The Treasure Chest*, Brian Culhane, ed. (San Francisco: Harper, 1995), p. 204.

44 *JAMA*, 10 de enero de 1996, p. 99.

45 *Amazing Grace*, Kenneth W. Osbeck (Grand Rapids, MI: Kregel Publications, 1990), p. 324.

46 Canción usada con el permiso de Arden Autry